赢在小红书

程鹏 小野◎著

中国商业出版社

图书在版编目（CIP）数据

赢在小红书 / 程鹏，小野著. -- 北京 ：中国商业出版社，2025. 1. -- ISBN 978-7-5208-3218-2

Ⅰ. F713.365.2

中国国家版本馆CIP数据核字第2024MP6169号

责任编辑：石胜利

策划编辑：王　彦

中国商业出版社出版发行

（www.zgsycb.com　100053　北京广安门内报国寺 1 号）

总编室：010-63180647　编辑室：010-63033100

发行部：010-83120835/8286

新华书店经销

廊坊市佳艺印务有限公司印刷

*

787 毫米 ×1092 毫米　32 开　7.875 印张　179 千字

2025 年 1 月第 1 版　2025 年 1 月第 1 次印刷

定价：79.00 元

*　*　*　*

（如有印装质量问题可更换）

目录

第一章

小红书，营销与IP变现新平台

1.1 你是要观望，还是要拥抱红利

每个平台都有成长期，都有红利期，也存在红海阶段。这是事物的本质规律，懂得遵循规律的人，总能在合适的时间、合适的方式融入平台，从而获得超预期的收益。

为什么那么多人涌入抖音、快手、小红书、B 站等平台，因为这些平台为我们提供了良好的机会，让普通人也能有营销自己的平台。小红书就是这样一个处于成长期的平台。

小红书于2013年6月在上海创立，经过数年的稳健发展，至2019年7月，其用户数已突破3亿大关。自2021年起，小红书的发展态势显著增强。根据截至2024年2月的数据统计，小红书的月活跃用户数量已超3亿，其中男女用户比例约为3：7。值得注意的是，有高达70%的月活跃用户在平台上表现出搜索行为，每月有超过1.2亿用户在小红书上寻求购买建议。小红书不仅成功引领了包括“美拉德风”和“多巴胺色系”在内的众多时尚潮流，更已成为广大用户心中的时尚风向标，涵盖了从穿搭到生活各方面的信息搜索需求。

对我们来说，小红书有非常关键的几个优势。

1.用户群体非常年轻

小红书的用户群体以年轻人为主，这使得它成为品牌吸引年轻消费者的理想平台。例如，美妆品牌可以在小红书上分享时尚、潮流的美妆教程和产品评测，吸引年轻女性用户的关注。

2.女性用户占比高

女性用户在小红书上占据主导地位，这为面向女性市场的品牌提供了巨大机会。例如，母婴品牌可以在小红书上发布育儿心得、母婴产品评测等内容，直接触达目标用户。

3.用户活跃度高

小红书的用户活跃度非常高，这保证了品牌信息的有效传播。例如，运动品牌可以通过发布健身教程、运动心得等内容，与用户互动，提高品牌的曝光度和用户黏性。

4.内容丰富多样

小红书支持多种内容形式，品牌可以根据自身特点选择合适的内容形式。例如，旅游品牌既可以通过图文分享旅行攻略，也可以通过视频展示旅游目的地，甚至通过直播带领用户“云旅游”。

5.去中心化平台

小红书对每个用户都有一定的流量扶持，新用户不用担心没有流量。例如，新兴的咖啡品牌可以在小红书上分享咖啡制作教程、品牌故事等内容，快速吸引用户关注。

例如，时尚品牌可以通过在小红书上发布最新款式的穿搭指南、时尚搭配技巧等内容，吸引时尚爱好者的目光。他们还可以邀请知名博主或明星进行产品试穿，通过真实的体验分享，让粉丝们更加信任并愿意购买。

美妆品牌同样可以利用小红书的流量扶持，发布化妆教程、护肤心得等内容。他们可以邀请专业的化妆师或美妆博主，展示产品的使用效果，让用户直观地了解产品的优势和特点。同时，通过举办线上活动、互动问答等方式，增加用户与品牌的互动，提升用户的参与感和忠诚度。

此外，餐饮、旅游等行业也可以在小红书上寻找突破口。他们可以发布特色菜品的制作教程、餐厅环境的美图，吸引食客前来品尝；或者分享旅行攻略、景点推荐等内容，激发用户的旅游欲望。通过与用户的互动，不仅可以增加品牌曝光度，还可以获取用户的反馈和建议，为品牌的发展提供有力支持。

6.强大的变现能力

小红书的用户具有较高的消费意愿和购买力，品牌在小红书上的营销转化效果较好。例如，时尚服饰品牌可以通过小红书发布穿搭教程、新品试穿等内容，引导用户购买。

很多人说，小红书是一个“种草”平台。我们在小红书运营实践中也能感受到，小红书潜移默化的影响力是极大的。这种“天生”的种草属性，使得小红书用户比其他平台用户有更强的消费欲望，从而也增强了平台的变现能力。

7.内容营销优势

小红书更倾向于内容的分享交流与营销传播，品牌可以通过高质量的内容建立品牌形象。例如，健康食品品牌可以通过分享健康饮食知识、食品制作过程等内容，传递品牌价值。

8.营销工具丰富

小红书提供了丰富的营销工具，帮助品牌更加精准地触达目标用户。例如，教育品牌可以通过小红书的信息流广告，针对特定年龄段的用户进行教育课程推广。

9.平台支持新品牌

小红书对新品牌友好，适合新品牌进行冷启动。例如，新兴的科技产品品牌可以在小红书上分享产品使用教程、科技资讯等内容，快速提升品牌知名度。

10.内容搜索功能

小红书具有强大的内容搜索功能，用户会主动搜索产品信息。例如，家电品牌可以在小红书上发布产品评测、使用技巧等内容，引导用户搜索并了解产品信息。

小红书在品牌营销方面也具有明显优势，品牌可以根据自身特点和需求，在小红书上进行有针对性的营销活动。

1.2 小红书为什么是营销的标配

众多品牌倾向于在小红书上进行推广，其背后有着多方面的考量。

第一，小红书凭借其广泛的影响力和广大高消费人群，成为品牌宣传的优选平台。

第二，小红书以内容分享为核心，这种传播模式实质上属于口碑式传播，每一篇笔记都代表着一个消费者的真实反馈。从品牌的角度出发，通过正面评价的笔记，能够迅速在消费者心中树立积极的品牌形象。

第三，小红书上的用户活跃度非常高，用户日活跃度在60%以上，远高于市场平均值，这保证了品牌信息的有效传播。

第四，除了高用户活跃度，小红书还以其独特的社区文化和用户黏性吸引了众多品牌的目光。在小红书上，用户不仅分享购物心得和时尚搭配，还热衷于参与各种话题讨论，形成了独特的内容生态。这种氛围使得品牌在小红书上的营销更容易被用户接受，并产生深度互动。

与此同时，小红书还通过精准的算法推荐系统，为用户推送他们可能感兴趣的内容和产品。这种个性化的推荐方式使得品牌信息能够更精准地触达目标用户群体，提高营销效率。

此外，小红书还鼓励用户参与内容创作，分享自己的购物体验和使用心得。这种UGC（用户生成内容）模式不仅丰富了平台的内容多样性，也为品牌提供了更多的营销机会。品牌可以与用户合作，共同打造具有吸引力的内容，提升品牌形象和认知度。

小红书作为一个用户活跃度高、社区氛围浓厚的社交平台，为品牌提供了独特的营销机会。品牌可以充分利用小红书的特点和优势，与用户进行深度互动，提高品牌知名度和影响力。

此外，小红书对品牌的发展具有举足轻重的意义，该平台不仅为线上品牌提供赋能，同时也积极赋能线下实体，使得在小红书上分享线下探店体验的笔记数量相当可观。

目前，小红书平台上的线下探店类笔记已超过500万篇。无论是线上还是线下，品牌在小红书上的“种草”都显得丰富而立体。相较于过去在淘宝或天猫等平台购买商品后仅简短评论的情况，小红书为用户提供了更为广阔的分享空间。用户可以详细撰写关于商品的描述，并配以精美的图片，甚至通过专门的视频进行推荐。这一特点深受品牌青睐，因为每个品牌都希望其产品能够被消费者深度认知和推荐。

因此，小红书为众多品牌提供了一个相对平等的展示机会。尽管有实力的品牌在“种草”方面拥有天然优势，但小红书对新兴品牌也表现出高度的友好与包容。这正是许多新兴品牌能够在小红书上崭露头角，实现从无名到知名转变的关键所在。这一过程既依赖于品牌的实力，也离不开小红书平台传播影响力的助力。

1.3 小红书的用户画像

为什么要分析用户画像？

因为在当今信息爆炸的时代，用户数据已成为企业最宝贵的资源之一。通过精心分析用户画像，我们能够更准确地洞察用户需求，实现个性化服务和精准营销，从而在竞争激烈的市场中脱颖而出。

用户画像不仅仅是关于用户的基本信息，它更是一个全面、立体、多维度的用户描述。从用户的基本属性（如年龄、性别、地域、职业等）到用户的兴趣偏好、消费习惯、社交行为等，用户画像为企业提供了一幅清晰的用户全景图。这样的全景图不仅有助于企业了解用户的当前状态，还能预测用户的未来趋势，为我们制定战略决策提供有力支持。

此外，用户画像在产品设计、服务优化等方面也发挥着重要作用。通过深入分析用户画像，我们能够发现用户的痛点和需求，从而设计出更符合用户期望的产品和服务。例如，在电商领域，我们可以通过分析用户画像中的购物行为和偏好，优化商品推荐算法，提升用户的购物体验和满意度。

每个平台的用户都有其独特的特点，通过详细分析小红书的用户，我们会发现这样几个特点。

1.用户规模和性别比例

小红书的用户以女性用户为主导，例如，某美妆品牌在小红书上进行推广时，可以更侧重于女性用户的喜好和需求，推出适合女性用户的产品和营销活动。

2.年龄分布

小红书的用户主要是18~34岁的年轻用户。其中18~24岁的用户占比超过39%，25~34岁的用户占比超过38%。例如，一家科技公司在小红书推广其最新智能手机时，可以着重展示其时尚设计和先进功能，吸引年轻用户的兴趣。

3.地域分布

小红书在一、二线城市的用户占比达到50%，一线城市和新一线城市用户占比更高，接近70%；随后是二线城市，占比超过16%。

4.用户活跃度和内容贡献

小红书的用户活跃度较高，内容分享者超过8000万，日均用户搜索渗透率达到60%，用户生成内容（UGC）占比达90%。

5.用户行为特征

小红书的用户群体热爱生活，具有较高的消费能力，购物选择与分享互动行为紧密相连，这些特征推动了消费结构和市场变化。

小红书是一个以年轻用户，尤其是年轻女性用户为主导，活跃度高，且具有较强消费能力的平台。小红书的用户群体，如同其平台特性一样，充满了活力和热情。他们追求时尚，热衷于分享自己的购物心得和生活体验，这使得小红书成了一个充满创意和灵感的平台。在这个平台上，用户不仅是信息的接收者，更是内容的创作者和传播者。

随着社交电商的发展，小红书也在不断探索新的商业模式。品牌可以借助小红书的电商功能，实现线上线下的融合，为用户提供更加便捷、个性化的购物体验。例如，品牌可以在小红书上开设官方店铺，通过直播带货、短视频营销等方式，吸引用户关注和购买。

1.4 什么样的人最容易做好小红书

跟其他平台一样，小红书有自己的调性和特质，这就决定了我们有机会在小红书平台上快速取得成功。那么什么样的人才最容易做好小红书呢？

通常来说，以下群体比较容易在小红书取得成果。

1.年轻女性用户

由于小红书的主要用户群体是年轻女性，特别是18~34岁的女性，她们通常对美妆、时尚、健康、生活方式等内容感兴趣。例如，一个擅长美妆技巧分享的美妆博主，或者一个擅长健康饮食和健身分享的健康生活博主，很容易吸引小红书用户的关注。

2.生活品位高

小红书的用户群体对生活品质有较高要求，喜欢分享和发现生活中的美好事物。例如，一个擅长分享高品质家居用品和装修风格的家居博主，或者一个擅长分享美食和旅行体验的美食和旅行博主，更容易吸引那些追求高生活品质的用户。

3.有独特个人魅力

小红书的用户喜欢有特色、有个性的内容。例如，一个具有独特见解和幽默感的知识分享博主，或者一个擅长通过视频展示自己才艺的才艺博主，就很容易吸引用户的关注。

4.善于互动和沟通

小红书的用户喜欢与博主互动，一个善于与粉丝互动、回复评论的博主更容易获得用户的喜爱。例如，一个经常回复粉丝评论、组织线上活动的美妆博主，可以提高用户的黏性和忠诚度。

5.内容质量高

小红书的用户喜欢高质量的内容，一个擅长制作高质量图片和视频、撰写有趣和有价值的文案的博主更容易获得用户的关注。例如，一个擅长拍摄高质量旅行照片的旅行博主，或者一个擅长制作高质量美食视频的美食博主，则可以吸引更多用户的关注。

6.持续更新

小红书的用户喜欢看博主持续更新，一个能够保持一定更新频率的博主更容易获得用户的喜爱。例如，一个能够保持每天更新一篇笔记的美食博主，可以吸引更多用户的关注。

这些特点可以帮助我们更好地了解什么样的人在小红书上更容易取得成功，并为我们在小红书的运营提供一定的参考。

第二章

小红书入门：从注册到账号体系搭建步骤

2.1 小红书注册流程及注意事项

关于小红书账号的注册流程，实际上并无多大难度。用户仅需拥有一部手机及一个未曾被他人使用的手机号码即可完成注册。然而需强调的是，若所提供的手机号码之前已被其他用户使用，且因严重违规行为而被平台封禁，则该手机号码将无法用于新账号的注册。小红书账号大致注册流程如下。

1.注册流程

（1）打开小红书App，点击“注册”。

（2）选择注册方式，可以通过手机号注册或使用微信、QQ、微博等第三方账号注册。

（3）输入手机号和验证码，设置登录密码。

（4）完成注册后，根据提示完成账号资料的填写，包括昵称、性别、生日、地区等。

（5）完成资料填写后，即可开始使用小红书。

2.小红书注册注意事项

（1）账号信息：填写真实的账号信息，包括昵称、头像等，这有助于建立信任度。

（2）隐私保护：注意保护个人隐私，不要随意泄露个人信息。

（3）内容规范：遵守小红书的社区规范，不要发布违法违规内容。

（4）内容原创：发布原创内容，避免抄袭和侵权。

（5）互动交流：积极参与社区互动，回复评论，与粉丝建立良好的关系。

（6）广告合作：若计划进行商业合作，需了解并遵守小红书的广告合作规则。

小红书注册好了，就要着手养号了。

3.小红书养号

什么是养号?

所谓养号，就是大家需要把新注册的账号养一段时间，再去发表作品。

养号作为一种用户行为，其本质在于确保系统识别账号为真实用户操作，而非机器或软件自动化使用。对于小红书平台而言，推荐用户保持一机一号的原则，即每个账号与唯一手机和号码绑定，以确保账号的真实性。若手机支持双号，可适当在两个账号间切换，但不宜超过3个，以免引发系统对账号的怀疑。

新注册的账号在发布内容前，建议先浏览其他用户作品，了解平台内容风格，两天后再行发布。发布后，应持续使用该账号浏览、点赞、评论，以展现正常用户活跃度。若频繁切换账号且仅用于发布内容，系统将视为异常行为，影响内容推荐。

用户行为应保持自然，如定期浏览笔记，每篇停留时间至少一分钟，并积极参与互动。头像和简介应真实，避免直接留联系方式或广告内容。发布笔记数量是提升账号等级和权重的重要因素，应持续发布高质量内容。

对于长时间未使用的账号，若欲重新使用，须先激活账号，通过平台推荐的步骤，如浏览、点赞、评论等，恢复账号活跃度，以提高后续发布内容的阅读量。

总结而言，从以下9个方面着手。

（1）不断完善个人资料：包括昵称、头像、简介等，保持一致性和专业性。

（2）持续发布高质量内容：内容应与账号定位相关，保证原创性和高质量。例如，美妆账号应分享美妆技巧和产品评测。

（3）保持活跃度：定期发布笔记，保持一定的更新频率。例如，每周至少发布2~3篇相关内容。

（4）积极参与互动：回复评论，与其他用户互动，提高账号的活跃度和用户黏性。

（5）关注同领域账号：关注和参与同领域内的其他账号，通过互动增加曝光度。

（6）使用话题标签：在发布内容时使用相关的话题标签，增加内容曝光的机会。

（7）遵守平台规则：避免发布违规内容，如广告、低俗信息等。

（8）利用小红书工具：如利用“发现”功能，了解平台热点和用户喜好。

（9）分析数据：关注账号的数据表现，如阅读量、点赞量等，根据数据调整内容策略。

通过以上方法，可以有效提升账号的质量和活跃度，吸引更多粉丝，从而为后续的营销和变现打下基础。

不过，若你能够持续性地创作出高质量的内容，那么对于账号的精心维护就显得相对次要；反之，若无法保持高质量内容的持续输出，即便对账号进行再多的维护，也难以取得显著成效。

2.2 小红书账号装修方法

众多用户发现心仪的笔记后，往往会选择点击头像，进一步探索账号的主页。这一行为并非偶然，而是体现了账号主页在用户心中的重要性。

用户为何选择进入我们的账号主页？背后原因是他们对我们的笔记产生了浓厚兴趣，渴望通过主页获取更多关于我们的信息，并探寻是否还有更多值得阅读的精彩内容。在这一转化过程中，账号主页成为连接路人与粉丝的桥梁，其重要性不言而喻。

那么，如何精心打造这一关键的账号主页呢？首先，我们需要深入了解小红书主页的组成元素。如图2–1所示，账号主页涵盖了账号头像、账号昵称、小红书号、背景图、所在地、账号等级、账号简介、关注列表、发布的笔记、收藏的内容以及点赞的作品等多个部分。每一部分都有其独特的价值，我们需要逐一进行优化。

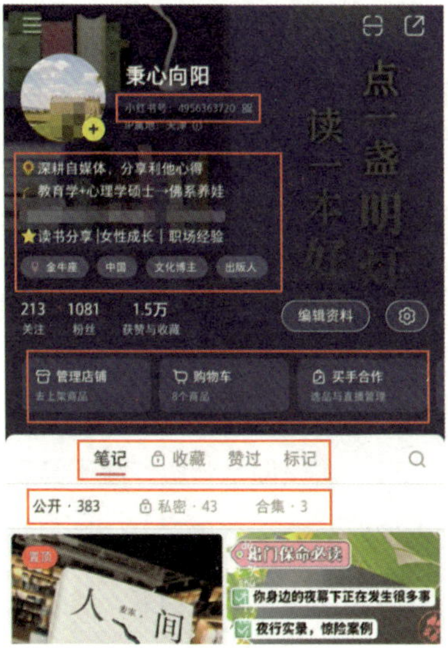

图 2-1　小红书账号主页

1.账号头像

在头像的选择上，为确保体现个人或品牌的最佳形象，务必选用高质量的图片作为头像。

众多用户往往容易低估头像的重要性，从而草率地选择一张自拍作为头像。然而，我们必须认识到，在用户搜索和浏览笔记的过程中，账号头像始终是一个不可忽视的元素。用户往往会通过点击头像进一步探索账号主页，以获取更多信息。从打造个人IP的角度来看，头像关乎第一印象，影响用户的信任度，头像作为展现个人形象的重要细节，需要谨慎选择，以确保个人形象的准确传达。

2.账号昵称

名字的重要性不言而喻。一个好的名字，能让人记忆深刻，能让大家充满好奇，更能让人一眼就能看出账号的领域。特别是演艺圈，为什么那么多人要用艺名，因为艺名更好记、更有亲和力。比如我平时用的艺名“小野”，就容易让人记住，有传播性。

好名字有这样一些好处。

（1）品牌识别。一个好的名字有助于建立品牌形象，让用户快速识别和记住你的账号。假设你是一位专注于健康饮食的博主，你的账号名字是“绿色食典”。这个名字直接传达了你的内容主题，用户一眼就能识别出你的账号与健康饮食相关，从而建立起品牌识别。

（2）搜索优化。一个与内容定位相关的名字，有助于提高在搜索引擎中的排名，增加曝光率。如果你的账号名字中包含“旅行攻略”等关键词，当用户在小红书上搜索相关内容时，你的账号更容易出现在搜索结果中，从而提高曝光率。

（3）用户吸引。一个有趣、有创意的名字可以吸引更多用户的注意，激发他们的兴趣。如“猫奴日记”，可以吸引喜欢猫咪的用户群体，因为他们会好奇这个账号会分享什么样的内容。

（4）专业形象。专业且简洁的名字能够给人留下专业、可靠的印象，有助于建立信任。比如，“营养师李四”这样的名字，不仅告诉用户你的专业身份，还传达出你的内容具有专业性和权威性。

（5）易于传播。易于发音和记忆的名字，在口头传播时更方便，有利于扩大影响力。比如，“美食侦探李四”这样的名字，既有趣又容易记忆，当用户向朋友推荐时，可以轻松地说出这个名字。

（6）内容定位。名字直接反映账号的内容定位，有助于目标用户快速找到相关内容。比如，“时尚穿搭潮人王五”这样的名字，让用户立刻知道这个账号主要分享时尚穿搭内容。

（7）社交互动。一个好的名字可以增加用户与你互动的兴趣，如评论、点赞等。“健身小达人赵六”这样的名字，可能会激发同样对健身感兴趣的用户进行评论和点赞，因为名字本身就建立了一种共鸣。

（8）长期影响。一个好的名字一旦建立，其影响力可以持续较长时间，有助于账号的长期发展。

小红书账号名字的选择对账号的运营和发展具有深远影响。一个合适的名字能够帮助账号在众多竞争对手中脱颖而出。

如何才能起一个好名字，可以试试这些方法。

（1）简洁明了。名字应简洁易记，便于用户搜索和记忆。例如，一个名为“简单生活笔记”的账号，既简洁又易于记忆，便于用户快速理解和搜索。

（2）符合定位。名字应与你的内容定位和风格相符，比如，如果你是美食博主，名字中可以包含“美食”等关键词。假设你是一位美妆博主，名字如“美妆小技巧”就直接表明了账号的内容定位，有助于吸引相关领域用户的关注。

（3）避免通用词汇。避免使用太过通用的词汇，以免与众多账号混淆。如“生活点滴”这样过于普通的名字，难以让用户迅速识别账号的具体内容，相比之下，“每日健康小贴士”就更具有针对性。

（4）独特个性。名字应具有一定的独特性，能够体现你的个性和特色。比如“时尚潮人小喵”，这样的名字不仅有趣，还具有个性，能够吸引追求时尚的用户群体。

（5）易读易写。名字的拼写和发音应简单，便于用户输入和口述。名字如“旅游探险家”，发音简单，拼写容易，用户可以轻松地记住并传播。

（6）易于搜索。考虑使用一些热门关键词，但不要过度堆砌，以免被视为营销号。如“减肥日记”，这个名字包含了热门关键词，有助于在用户搜索相关内容时提高曝光率。

（7）考虑国际化。如果你的小红书营销内容面向国际用户，则考虑使用英文或容易翻译的名字。如果你的内容是面向国际用户的，比如“TravelVlog”，这样的英文名字更易于国际用户理解和记忆。

（8）合法合规。避免使用侵权、违规或敏感词汇。使用侵权或违规词汇，比如“独家秘方”，可能涉及知识产权问题。

（9）可扩展性。考虑未来的内容扩展，名字应具有一定的扩展性。一个如“成长笔记”的名字，不仅适合分享个人成长故事，未来也可以扩展到其他成长相关的内容。

3.小红书号

如图2–1所示，账号名称下方清晰地显示的是一串系统初始分配的数字，作为该账号的默认标识。然而，这串数字并非永久固定，用户拥有通过搜索小红书号迅速定位特定账号的便捷性。若你的小红书号已具备较高的辨识度，可选择保留；反之，若感觉记忆困难，可自主更改为更易记忆的字符序列。

然而，此处需特别强调一项重要提示：小红书号仅支持修改一次，一旦完成修改，将无法再次变更。因此，在做出修改决策前，请务必审慎考虑，确保所选字符序列充分满足你的期望与需求。

在创建小红书号时，需遵循平台制定的规则。具体来说，小红书号应由6~15个字符组成，这些字符可包含英文字母、数字或下划线，但英文字母为必选元素。为辅助用户选择，常见选项包括人物名字的全拼、首字母缩写结合生日等。

此外，我们提供一个有趣的思考方向：若将小红书号与微信号设置为相同，是否有助于他人更便捷地找到并添加你的微信？此设置不仅为用户带来便利，同时也可以为我们带来更多流量。

4.背景图

如图2–2所示，在账号首页的上部，有一个可以上传背景图的区域。背景图这个功能之前是只有特定账号或者企业号才能自定义的，现在普通账号也能修改。这个位置跟我们朋友圈的背景图一样重要，在背景图上我们可以设置自己的头衔、联系方式等。

图 2-2　背景图

此外，背景图也相当于我们的一个广告板，我们的小红书有什么活动时，就可以做有针对性的背景图，这样就能起到通知的作用。

5.账号简介

账号简介位于头像正下方，如图2–3所示。作为账号主页的核心组成部分，它承载着展示账号价值及补充信息的重要功能。当用户浏览到某篇优质的笔记内容，对账号产生兴趣时，他们倾向于通过点击头像进入账号主页，以获取更多的相关信息。此时，账号简介便成为用户直观了解账号价值的关键途径。若缺乏一个清晰、准确的简介，用户将不得不通过逐个查阅过往笔记作品来获取相关信息，这无疑增加了用户的成本，这个成本既有时间成本，又有操作成本。因此，精心编写账号简介对于提升用户体验和吸引更多关注至关重要。

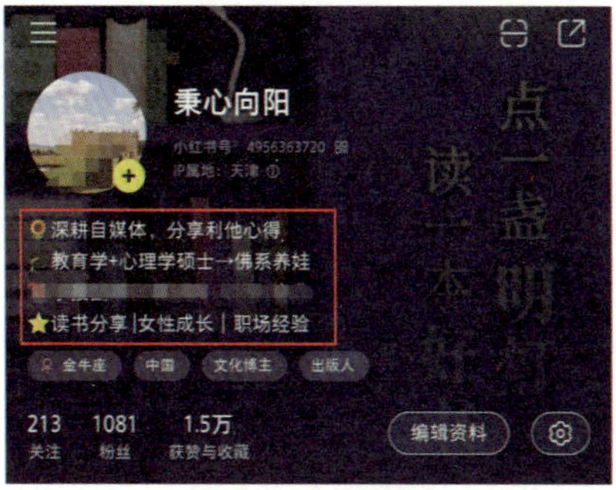

图 2-3　账号简介

小红书账号简介虽仅限100个字符，但其影响力不容小觑。因此，我们强烈建议大家重视账号简介的撰写。

在账号简介的撰写上，要用精练的语言概括账号的特色、成就和目标，使用户在短时间内了解我们的核心价值。

我们可以从以下几个角度优化账号简介的撰写。

（1）明确目标受众。在撰写账号简介时，要清晰地定位我们的目标用户群体，用他们易于理解的语言和表达方式，突出账号内容的针对性和专业性。这样，我们的账号简介就能更好地吸引目标受众的注意力。

（2）强调独特卖点。在众多小红书账号中，如何让我们的账号脱颖而出？关键在于突出我们的独特卖点。在账号简介中，可以简要介绍我们的账号在内容、风格、价值观等方面的特色，让用户一眼就能看出我们的与众不同。

（3）展示成功案例。如果我们的账号在某个领域取得了一定的成就，那么在简介中可以简要提及这些成功案例。这不仅可以增加账号的可信度，还能激发用户的好奇心和兴趣，促使他们进一步关注我们的账号。

（4）设置互动邀请。在简介的结尾部分，我们可以设置一些互动邀请，如“欢迎关注我们的账号，一起分享美好生活”“期待与你交流，共同成长”等。这样不仅能拉近我们与用户之间的距离，还能鼓励用户积极参与互动，提升账号的活跃度和影响力。

6.其他

账号页面中其他的地方也很重要，如图2–4所示，比如共同的关注好友，比如群聊、直播，比如笔记、收藏和标记。这些地方也是传递信息的窗口。特别是笔记、收藏、标记。

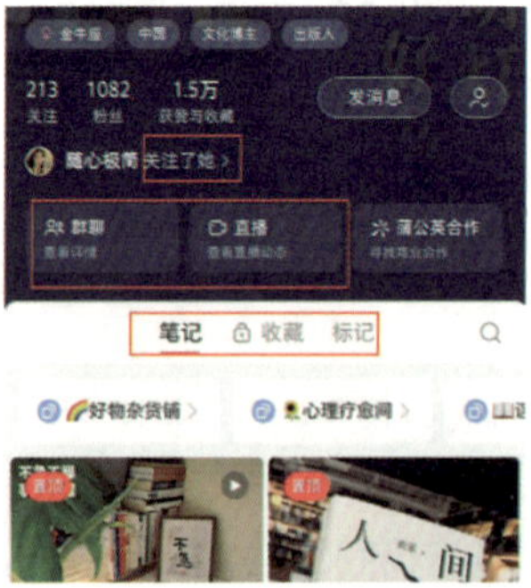

图 2–4　账号页面的其他信息

在发布笔记、收藏内容以及标记作品时，务必确保其内容优质，这能充分彰显我们的专业素养与审美标准。此举旨在确保用户访问我们的账号主页时，能够深刻感受到我们的专业精神与精心策划，进而增强用户对我们账号的认同感和忠诚度，促进粉丝群体的稳固与扩大。

当然，我们也可以设置收藏和标记的权限，图2–4中就设置了收藏的权限，图标显示是把锁，这意味着别人无法查看该账号收藏的内容。

值得一提的是，等我们的账号笔记逐渐增多时，我们就可以设置分类，图2–4的笔记上面显示的“好物杂货铺”“心理疗愈间”等，就是对笔记内容进行了分类，方便粉丝阅读。

7.关注列表

如图2–4所示，谁关注了这个账号会有提示。如图2–5所示，点进去就能看到谁与我们共同关注了该账号，该账号关注了哪些人，该账号的粉丝有哪些，系统还会给我们推荐一些有关系的账号。

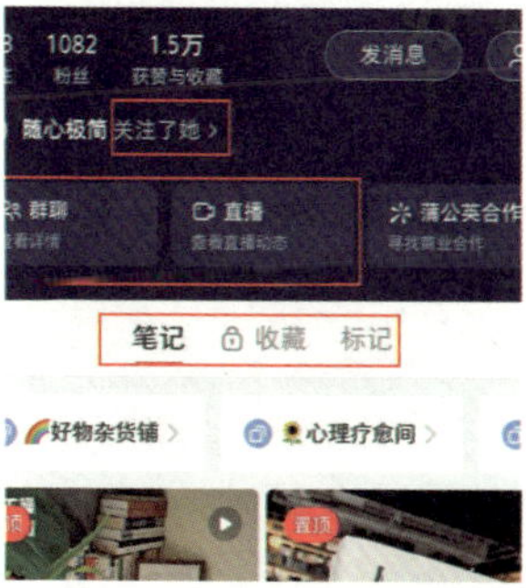

图 2–5　关注列表

由于部分粉丝渴望深入了解我们，他们不仅会浏览我们的内容，还可能点击关注列表以查看我们所关注的其他账号。随着粉丝数量的增加，他们点击关注列表的可能性也随之提升。当关注列表中的账号正是我们期望粉丝去浏览和关注的账号时，其引流效果便得以体现。

因此，我们应避免盲目关注其他账号。这样做的好处在于，首先，保持关注列表的简洁性，有助于提高引导的准确性和成功率；其次，过多的关注可能影响账号的兴趣标签，进而影响平台对我们内容的推送。

此外，当粉丝量和粉丝活跃度达到一定水平时，我们可以考虑与其他账号进行合作，通过互相关注实现互相引流。但这一策略的前提是双方的粉丝画像相近，且账号定位和内容方向有所不同，以确保粉丝价值的最大化。

2.3 小红书账号类型及选择注意事项

做好了小红书账号基本的设置，接下来我们就是要对账号的相关信息进行完善。这些信息如实名信息、账号认证等，是平台进一步验证账号真实性、专业性的方式，信息设置得越完善，账号的权重就越高。

如图2-6所示，①为实名认证，这一步是必需的，否则其他步骤将无法进行。②为官方认证，主要认证为企业号或者是个人职业资质认证。③为其他平台账号绑定。④为升级专业号。②和④分别是企业号和专业号认证的入口。这些具体的认证根据个人或者企业的需要进行认证。

图 2-6 账号与安全页面

一般来说，我们用手机号申请的小红书号，进行实名认证后，就是普通的个人号，这样的小红书号，我们可以发笔记，可以浏览内容等，都没有问题。如果你只有这些基本的需求，注册一个普通的小红书号即可。

不过，对我们来说，小红书是极好的营销平台，我们的需求不止于普通号的功能，我们需要更加丰富的小红书功能。那就可以选择以企业的身份，去认证企业号。在图2-6的②选项中，点击进入，就可以看到图2–7。点击进入“企业认证”，会看到图2–8的页面。

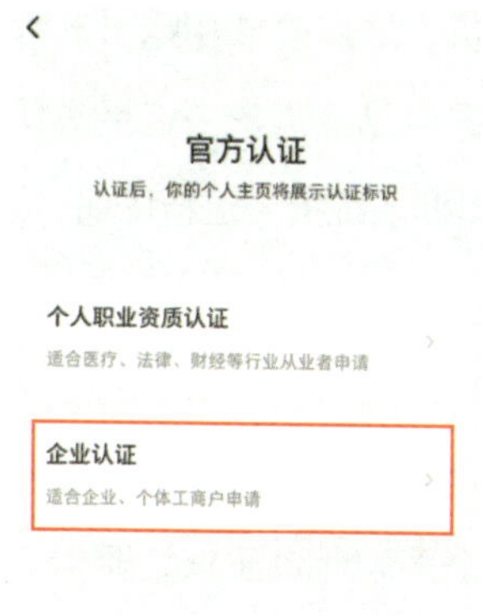

图 2-7　官方认证

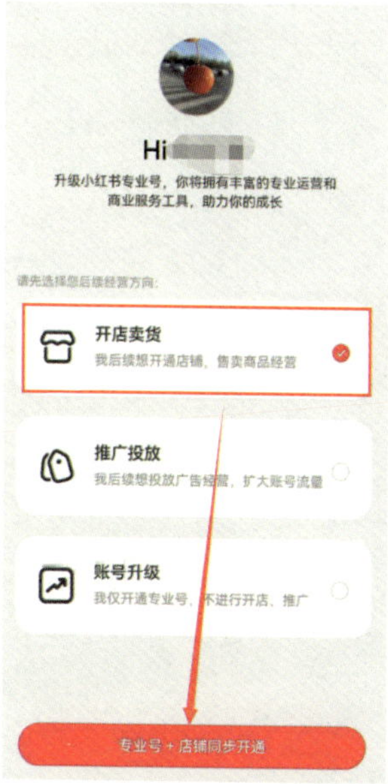

图 2-8　企业号认证界面

从图2-8中我们可以看到，进入企业号认证界面，我们会有3种选择，分别是开店卖货、推广投放和账号升级。每种选择都有简单的解释，我们可以根据自己的需求去选择具体的认证选项。具体的认证步骤较多，只要根据系统提示进行即可，这里不再赘述。

值得一提的是，在图2-6的④升级专业号的选项中，点击进入，显示的页面跟图2-8是相同的。所谓专业号，就是企业号，很多人对小红书账号的类别分不清楚，其实小红书有三类账号，分别是普通账号、企业号和个人职业资质认证账号。企业号又分为三类。如图2-9是个人职业资质认证的选择界面，目前只支持几种职业进行认证，可以根据自己的需要进行选择。

图 2-9　个人职业资质认证的选择界面

建议有企业的博主去认证企业号，因为企业号有很多非常好的营销功能。比如企业号认证后会显示有蓝V，如图2-10所示。

图 2-10　企业号蓝V

企业号除了蓝V显示，还有其他的功能，如企业话题、专业化的营销功能、互动功能、推广功能等。具体如何运营和使用这些功能，可以参考本书后面的内容。

在本书的第九章将会专门讲解小红书矩阵号的运营，个人号、企业号等如何运营，可以根据自己的需求查阅。

2.4 小红书笔记发布注意事项

账号准备好了，关键就是内容运营了。

小红书作为一个生活方式分享平台，接纳图文、视频和直播等多种形式的内容。然而，在发布这些内容时，我们必须严格遵守平台的规则，以确保内容的合规性和健康发展。

1.遵循当代社会主流价值观

我们强烈推荐并赞赏遵守法律法规、传播正确价值观、弘扬爱国主义、尊重公序良俗以及倡导积极向上的生活方式等内容。任何违反法律法规的行为都将受到平台的严肃处理。

2.内容原创

“搬运”的内容虽然也可以发布在小红书上，但这样的内容一方面会被平台发现给账号降权；另一方面会有侵权的隐患。既然决定要认真运营小红书，那为何不坚持做原创内容呢？

3.遵守平台规则

那些虚假信息、带有人身攻击和贬低其他品牌的内容，以及低俗炫富的内容都是小红书平台所排斥的。这些内容是平台严厉打击、严格控制的内容。账号一旦被发现发布这些内容，就有被封号的可能。

4.禁止不合规的交易和导流行为

除了平台的笔记合作和薯店内容外，平台禁止发布售卖、代购、转卖、拼单等具有营销性质的内容。同时，平台也不允许发布网页链接、二维码、水印等引导用户流向其他平台的内容，以及发布手机号、微信号、邮箱地址等个人联系方式。

5.严禁不当行为和侵权行为

小红书坚决抵制辱骂、嘲讽、威胁、人身攻击、恶意@他人、不文明行为、图文不符等影响用户体验的内容。同时，平台也坚决反对编造谣言、侵犯他人名誉权、隐私权以及知识产权的行为。

6.要防止过度营销

尽管众多品牌在小红书平台上进行内容推广，主要出于营销考量，但部分内容需以含蓄方式呈现，避免直接采用营销术语，如“买赠促销”等。同时，禁止直接提及其他电商平台（如淘宝、天猫）的购买信息，以及使用“速抢”“秒杀”“限时购”等具有明显促销意味的词汇。若内容被判定为具有营销倾向性，相关笔记将受到相应处罚。

7.要注意敏感词

在小红书平台发布内容时，务必严格遵守敏感词汇的规定。有时，即便内容质量上乘，若包含特定关键词，也可能导致内容无法获得推荐或面临封禁的风险。

对于非营销性质的内容，只要避免使用敏感词汇，通常可以顺利发布。以下是小红书平台上明确禁止的敏感词汇类别，我们可以做借鉴。

（1）违反《中华人民共和国广告法》的极限用语，包括但不限于“国家级”“最佳”“最高级”“顶级”“第一品牌”“极品”“领导品牌”等。

（2）绝对化及无法证实的词汇，如“全球顶尖”“万能产品”“绝无仅有”“销量冠军”“全国首家”“全球首家”“绝对领先”“世界唯一”等。

（3）与“最”及“一”相关的词汇，如“最高”“最大”“最新发明”“最先进”“最高档”“最便宜”“最舒适”“最科学”“最后一波”“最新技术”“全网最低价”以及涉及“中国第一”“世界第一”等排名或地位的表述，除非有确凿资料证明其真实性。

（4）与国家及国家领导人相关的词汇，如“国家级品牌”“国家战略合作品牌”“国家推荐”“国宴专用”“国家某某会议专供”“国礼”等，以及国家领导人名字，均禁止使用。

（5）夸大产品功能及虚假宣传的词汇，如“百分之百”“纯天然”“百分之百无添加”“一次见效”“终身见效”“祖传秘方”“绝不复发”“特效产品”“史无前例”“前所未有”等。

（6）诱导消费者下单的词汇，如“全网最低价”“秒杀”“速度抢”“万人疯抢”“销量冠军”“过时不候”“绝对低价”“跌穿底价”“全民疯抢”“错过一次再等一年”等。

（7）涉及违法、暴力、色情、恐怖、迷信、赌博以及分裂国家和民族歧视等内容的词汇。

（8）医疗药品、保健品及医疗器械相关的医用术语，如“提升人体免疫力”“增强人体机能”“抗肿瘤”“治疗高血压”“调节心肌”“预防心肌梗死”“治疗骨质疏松”“增强细胞活力”“缓解人体疲劳”“改善记忆力”“延年益寿”“预防疾病”等，此类词汇因容易误导消费者且未经科学验证或临床试验，故在小红书平台上禁止使用。

虽然注意事项很多，但只要我们严格遵守小红书平台的内容规范，用心创作优质笔记，内容就有机会通过审核并获得平台的流量支持。其实各个平台的注意事项大同小异，如果我们有其他平台的运营经验，可以套用进来。如果有不一样的细节，再进行有针对性的调整。

第三章

小红书流量：搞懂平台机制才能更好运营

3.1 小红书的三大流量推荐机制

小红书的流量推荐机制是一个基于算法和用户互动的综合系统，旨在将内容推荐给最可能感兴趣的用户。流量推荐机制整体上是按照兴趣、社交裂变、关键词等逻辑进行推荐的。

1.推荐机制的核心

推荐机制主要包括以下几个核心。

（1）用户画像和兴趣匹配。小红书通过用户注册时填写的信息，如性别、年龄、地区等，以及用户的浏览和互动行为，建立用户画像。平台根据这些信息，推荐用户可能感兴趣的内容。

（2）内容质量。内容质量是影响推荐的重要因素。小红书会根据内容的原创性、相关性、用户互动（如点赞、评论、转发等）来评估内容质量。高质量的内容更容易获得推荐。

（3）用户互动。用户对内容的互动（如点赞、评论、转发等）也会影响内容的推荐。互动越多的内容，其被推荐的可能性越大。

（4）发布时间。内容的发布时间也会影响推荐。例如，早上发布的内容可能在白天获得更多的推荐，因为用户在白天有更多时间浏览。

（5）话题参与。参与热门话题的内容更容易获得推荐。小红书会根据当前的热门话题和用户兴趣，推荐相关内容。

举例来说，如果一个用户经常浏览和点赞美妆类内容，那么小红书会推荐更多美妆类的内容给他。如果一个美妆博主发布了一篇高质量的原创美妆教程，这篇内容因为原创性强、互动多，会更容易被推荐给更多用户。如果这篇内容还参与了当前热门的美妆话题，那么它的推荐量会进一步增加。

小红书的流量推荐机制是一个动态的、综合考虑多种因素的系统，旨在为用户提供最相关、最有价值的内容。我们整体上可以将其分为三类推荐机制。

2.兴趣类推荐机制

每个人有每个人的爱好，根据兴趣推荐的内容，也就可以变得千人千面。

小红书凭借其独特的算法，通过分析用户在平台上的行为模式，精准地预测并呈现用户可能感兴趣的内容，实现了个性化的内容展示，这即所谓“千人千面”策略。小红书实施这一策略的核心目标，旨在确保每位用户能够获得符合其个性化需求的内容。

个性化推荐机制，作为小红书流量推荐机制的核心组成部分，其推荐内容主要基于五大维度：首先，根据用户的兴趣偏好进行内容推荐；其次，依据用户所选择的频道进行内容推送；再次，通过分析用户的行为数据，进行精准的内容匹配；复次，用户所关注的内容也会成为推荐的重要参考；最后，地域信息也会被纳入推荐算法中，以提供更加贴近用户实际需求的内容。

（1）兴趣偏好。在用户注册小红书账号的流程中，小红书平台会引导用户选择其感兴趣的内容类别，涵盖“时尚穿搭”“食谱”“明星”等15个不同的选项，并明确要求用户至少选定四种。这一步骤旨在确保小红书能够基于用户的兴趣偏好，为用户量身打造个性化的内容体验。用户完成兴趣选择后，小红书系统将依据这些偏好，为用户生成专属的个性化内容推荐。

（2）频道推荐。当用户在小红书应用中启动并访问发现页时，将被引导至一个横向陈列的频道清单界面。点击此清单中的任意频道，用户将进入一个包含多个可选择频道的分类系统。如图3-1所示，此系统为用户提供了丰富的选择。

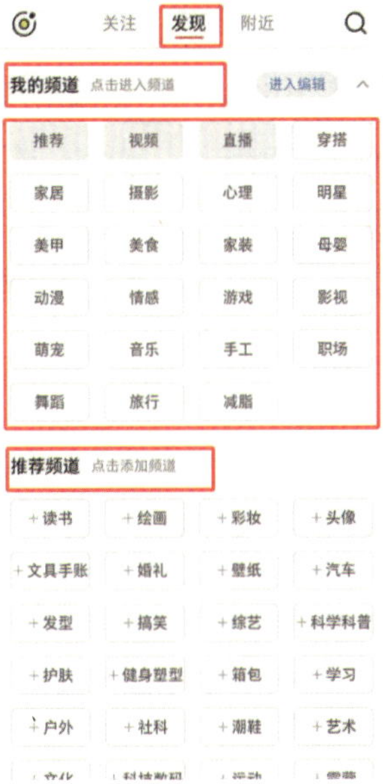

图 3-1　发现页的频道选择

用户可根据个人的兴趣偏好，浏览不同频道中推荐的内容。一般而言，各频道所推荐的笔记均基于其热度进行排序，确保用户能够首先接触到该频道内最受欢迎的笔记。例如，当用户选择“情感”频道时，他们将能够查看到这一频道中点赞量较高的笔记。

（3）用户行为，如关注、搜索、收藏、评论等。在小红书主页最上方我们能看到这样几个选项，如图3-2所示。其中①是账号关注了哪些博主，博主的内容会呈现在这里。比如我们关注了美妆博主，这里就会呈现已关注博主的内容，同时在②发现页系统也会适当推送美妆博主的内容。图3-2中的④是搜索，当我们在这个入口搜索了我们想要的内容时，②发现页系统也会推送相关的内容给我们。其他的收藏、评论等都同理。

图 3-2　小红书主页

（4）地域推荐。基于地域的内容推荐，这对每个平台来说都是差不多的。很多人比较关注同城的内容，如餐饮、服务等，都是本地需求，所以基于地域的推荐也很重要。在图3-2中，③就是同城推荐。当我们点击附近时，系统要求我们授权使用位置信息，当我们授权了位置信息后，我们所在的城市就会显示出来。不管我们到哪儿，系统都会自动定位，给我们推荐当地的相关内容。

知道了这些信息，我们在发布笔记、营销内容时，就要有意识地根据系统的推荐机制去修改我们的内容，以得到系统更多的推荐。

3.社交裂变推荐

小红书所采用的第二大流量推荐机制，即社交裂变推荐机制，旨在通过用户间的互动如点赞、收藏、转发等行为，实现内容的广泛传播，形成病毒式传播的推广效果。对于用户如何运用这些社交方式影响内容推荐的问题，小红书的系统已给出了明确的解答。

具体而言，小红书的社交裂变推荐机制主要包含两种优先推荐策略。

首先，基于关注博主点赞的推荐，即当用户关注的博主对某篇笔记进行点赞时，系统将自动将该笔记推荐给该用户。我们想要提升笔记的曝光率，可邀请与品牌目标人群契合的博主进行点赞，以扩大其笔记在目标受众中的影响力。

其次，系统还会根据笔记的数据效果进行推荐。对于新注册用户，由于系统对其个人喜好尚不了解，因此会优先选择数据效果优秀的笔记进行推荐。这种推荐策略基于两个主要原因：一是这些笔记通常具有较高的内容质量，深受用户喜爱，因此更有可能吸引新用户并留住他们；二是利用用户的从众心理，数据表现良好的笔记更容易吸引用户点击查看。

例如，收藏量、点赞量、转发量和浏览量均达到一定水平的笔记，更有可能获得系统的高度推荐。当小红书笔记收藏量达到万级别时，系统将赋予笔记特殊标识，并通过算法机制将其优先推送至用户的“首页—发现”界面，从而显著提升其曝光度。

因此，品牌方可以重点打造一些具有攻略性、生活合集、教程等性质的笔记，以提高其数据表现，进而在小红书平台上获得更好的传播效果。

4.关键词推荐

小红书的另一个流量推荐机制，就是关键词推荐机制，是平台在搜索页面实施的一种重要策略，我们在兴趣类推荐机制中提到过搜索功能。当用户在小红书搜索页面输入关键词时，系统会展示大量与搜索词相关的笔记内容。一般而言，用户倾向于浏览和点击搜索结果中排列靠前的笔记，而此类搜索排名并非仅通过人为手段如增加笔记互动量来干预，而是深受笔记中关键词的影响。这即是关键词推荐机制的核心所在。

小红书每日吸引大量用户搜索他们感兴趣的话题，这些用户目标明确、需求清晰，其转化率具有显著价值。同时，平台上的笔记内容可持续被搜索和推荐，随着时间的推移，笔记的曝光量得以不断增长。

若我们能够使其相关笔记在搜索结果中排名靠前，则意味着品牌的曝光率和销售转化率将大幅提升。那么，品牌应如何提升笔记的搜索排名呢？关键在于了解并准确设置必要的关键词。

品牌在设置关键词时，需同时考虑主关键词和细分关键词两个方面。主关键词指的是用户搜索频率高、涵盖范围广的词汇，如“下雨”和“防雨”等。这些词汇通常能带来大量搜索结果，是用户搜索时的主要选择。然而，由于竞争激烈，品牌在设置主关键词后，还需进一步设置细分关键词。

细分关键词的设置，又称为“蓝海战略”，旨在帮助品牌在激烈的竞争中突出自身特色。通过细分关键词，品牌能够更精准地定位目标用户群体，提升广告投放的效果。

在小红书笔记中设置好关键词，以获得更多推荐，可以遵循以下步骤，如图3-3所示。

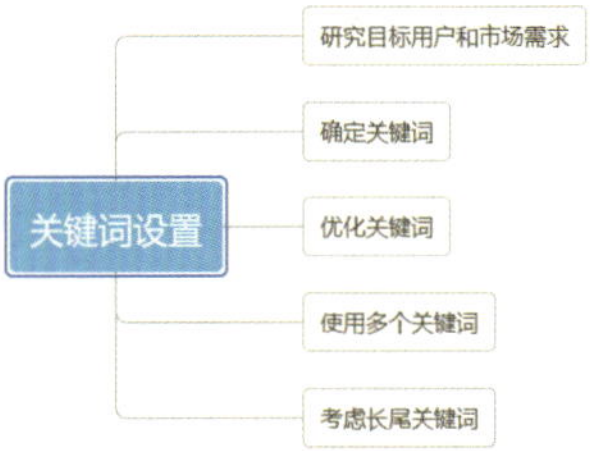

图 3-3　关键词设置

（1）研究目标用户和市场需求。首先了解你的目标用户群体和他们最关心的问题。例如，如果你是美妆品牌，你的目标用户可能是年轻女性，她们可能关心的问题包括“抗衰老”“美白”“夏季防晒”等。

（2）确定关键词。基于用户需求和市场研究，确定一系列关键词。这些关键词可以是产品的名称、功能描述、用户痛点等。例如，对于上述美妆品牌，可能的关键词包括“抗衰老面霜”“美白精华液”“夏季防晒乳液”等。

（3）优化关键词。确保关键词与笔记内容高度相关。不要为了关键词而堆砌，内容应该是自然的，与关键词紧密相关。例如，如果你的笔记是关于夏季防晒的，那么“夏季防晒”应该是笔记中自然的组成部分，而不是硬塞进去的。

（4）使用多个关键词。合理使用多个关键词，可以帮助笔记在不同的搜索结果中出现。例如，除了“夏季防晒”外，还可以使用“防晒霜推荐”“夏季护肤”等关键词。

（5）考虑长尾关键词。长尾关键词（更具体、更细分的关键词）通常竞争较小，但更精准。例如，“夏季清爽保湿面霜”就是一个长尾关键词，它可以吸引那些对特定产品有明确需求的用户。

举例来说，如果要发布一篇关于“夏季清爽保湿面霜”的笔记，可以在标题、正文和标签中自然地使用以下关键词：

◆标题：夏季清爽保湿面霜推荐 | 让你的肌肤水润一夏

◆正文：夏天到了，肌肤需要特别呵护。今天我要给大家推荐一款非常适合夏季使用的清爽保湿面霜，它能……

◆标签：#夏季护肤# #清爽保湿# #面霜推荐# #夏季保湿# #夏日护肤#

通过这种方式，你的笔记就有可能在用户搜索“夏季清爽保湿面霜”“夏季护肤”等相关关键词时获得推荐，从而增加曝光率和互动。

3.2 小红书的粉丝增长机制

小红书的粉丝增长机制是一个复杂的系统，这个系统的基础是内容质量和用户之间的互动。

1.质量高的内容更容易获得粉丝

高质量的内容是吸引粉丝的核心。笔记内容应具有原创性、相关性和实用性，能够满足用户的需求和兴趣。为了保证内容的质量，我们需要进行深入的市场调研，了解目标受众的兴趣和需求，然后创作出能够引起共鸣的内容。

2.用户互动频率

用户与内容的互动（如点赞、评论、转发）对粉丝增长有着重要影响。互动越多，内容的热度越高，从而增加内容的曝光率，内容越有可能被推荐给更多用户。为了促进用户的互动，可以采用一些策略，比如回复用户的评论，或者设置一些互动话题，激发用户的参与热情。

3.持续更新

定期发布内容可以保持账号的活跃度，吸引新粉丝。同时，持续更新也可以增加用户对账号的关注度，从而提高用户的黏性。我们如果无法做到每天都更新，可以设置固定的时间去更新，比如每周一、周三、周五进行更新。

4.参与热门话题

参与小红书上的热门话题可以增加内容的曝光率，从而吸引更多关注。为了找到热门话题，可以通过分析热门话题的趋势，然后结合自己的内容定位，选择合适的话题进行参与。

5.利用小红书功能

例如，使用小红书的“心愿单”功能分享商品，可以通过商品链接吸引用户。此外，还可以利用小红书的其他功能，如“直播”“短视频”等，来增加内容的多样性和吸引力。

总的来说，小红书的粉丝增长是需要综合考虑内容质量、用户互动、持续更新、参与热门话题和利用平台功能等多个因素。只有通过深入理解和灵活运用这些因素，才能实现粉丝的有效增长。

假设一个美妆博主发布了一篇关于夏季防晒霜的笔记。这篇笔记内容丰富、实用，包含用户在夏季特别关注的信息。笔记发布后，很多用户通过点赞、评论和转发来表达他们的喜欢和认同。这些互动增加了笔记的曝光率，使得更多对美妆感兴趣的用户注意到这个博主。此外，如果这个博主还参与了小红书上的夏季护肤热门话题，那么他的笔记就有可能被更多用户看到。随着越来越多的用户关注，他的粉丝数量也随之增长。

粉丝增长是个持续而长期的工作，千万不能着急。

3.3 小红书的平台运营机制

在小红书的运营生态中，流量推荐机制无疑占据了举足轻重的地位。然而，同样不可忽视的是平台运营机制所发挥的深远影响。为了确保品牌在小红书平台上实现稳健且持久的发展，深入理解和遵循平台运营机制及规则至关重要。

1.账号权重机制

为何某些笔记一经发布便能迅速走红，而另一些则默默无闻、排名靠后？有人认为这仅仅是内容差异所致。然而事实并非如此。小红书平台内存在一套隐形的机制，这套机制对每位博主及每篇笔记的数据表现产生显著影响。这套机制，我们可统称为权重机制。

权重机制在小红书平台上对所有账号均产生作用。具体而言，权重较高的账号将获得平台更多的流量支持，进而获得更多推荐，发布的笔记也将拥有更高的曝光率。因此，无论品牌是自主运营账号，还是与其他博主展开合作，都需重视账号的权重，借此助力品牌的知名度和影响力的提升。

小红书账号的权重受多方面因素影响，主要有以下5个方面。

（1）账号活跃度。在品牌的账号运营与博主合作策略中，活跃度无疑是考量账号价值的重要指标。一般而言，账号活跃度越高，其权重也随之增加，反之则权重降低。当品牌在维护其账号时，若长时间忽视登录或仅进行简短的登录而不进行任何互动操作，小红书平台便会认为该账号处于闲置状态，从而调低其权重。

为了提升账号的活跃度，我们需采取一系列积极措施。如，定期发布内容丰富的笔记，保持与粉丝的频繁互动。同时，积极浏览其他用户的优质笔记，并适时进行点赞、评论或收藏，以展现品牌的活跃度和关注度。然而，在提升账号活跃度的过程中，如果是品牌账号，则需谨记维护品牌形象的重要性。任何为了短暂提升活跃度而采取的与品牌价值观相悖的行为，如随意点赞可能引起争议的内容，都是不可取的。因为品牌的账号不仅是传递信息的工具，更是品牌形象的直接体现。

（2）账号相关信息和内容频繁修改。这一点是账号运营的大忌。频繁修改，会让平台觉得该账号极不稳定，从而降低账号的权重。例如，某些品牌在发布笔记后，若因数据效果未达到预期而频繁调整其中的关键词，则可能触发小红书平台的操作频繁判定机制。即便经过多次关键词修改，最终笔记的数据表现也难以达到预期效果。有的账号总是频繁修改头像等账号信息，这是一定要杜绝的。

（3）笔记内容的质量。品牌账号所吸引的用户关注度、点赞数、收藏量和评论量的增长，直接取决于其发布的笔记内容的质量。这些互动指标的提升，将有效地促进品牌账号权重的增强，从而进一步提升其在目标受众中的影响力和认知度。运营只是方法，内容的质量才是根本。

（4）平台规则。很多人发现自己的账号权重很低，却找不到原因，这时候就要考虑是不是违规了。品牌账号权重较低的情况，可能是由于品牌方在运营过程中违反了小红书平台的相关规则。为确保在小红书平台上有效拓展用户群体，品牌方必须严格遵守平台的各项规定，否则将会面临相应的处罚措施。

账号违规行为主要包含以下四种情形。

①同一手机设备登录过多账号，存在异常操作。

②账号名称涉嫌广告性质或违反相关规定。

③在个人主页简介中，擅自添加如微信号等第三方平台信息。

④将二维码置于头像中，构成违规展示。

当然，除了账号违规，也有可能是笔记内容涉及敏感词、违反了平台的规定等。平台对内容都有严格的审核机制，我们发布的内容一定要合规。

若品牌监测到其账号存在异常状况，应立即依据平台规则，对近期发布的内容以及账号自身进行全面且逐一的审查。一旦核实存在违规行为，务必立即对违规内容进行修正或予以删除，以确保账号的合规性与稳定性得以维护。

（5）营销信息太多。在平台运营过程中，我们深知用户对广告的抵触情绪。因此，若不实施有效的广告推广限制措施，小红书平台将面临广告信息泛滥的风险，这将对用户体验造成严重影响，进而可能导致用户流失。为确保平台的持续发展和用户满意度，我们笔记的内容就不能到处都是营销广告。

小红书对账号的性质做了分类，即使是企业号，也要在做营销的时候，遵守平台规则，不能任性而为。一旦营销信息不符合平台规定，账号就有可能被限制。

2.小红书社区公约

小红书发布了全新的《小红书社区公约》，旨在明确规范品牌在平台内的行为准则，特别是针对品牌不可触碰的四项核心原则，一旦违反将产生严重后果。

（1）禁止抄袭/“搬运”他人笔记。小红书始终坚持对原创内容的高度要求，严厉禁止抄袭、“搬运”其他品牌或用户的笔记内容。所有发布的笔记正文、图片、视频等均须保持原创性，并禁止携带其他平台的水印。品牌作为平台的重要参与者，更应以身作则，坚决杜绝抄袭、“搬运”行为。这种行为不仅侵犯了他人的知识产权，构成违法行为，更将严重损害品牌自身的形象和声誉。品牌在进行内容创作时，应充分借鉴并融合自身品牌特色，创造独特、有价值的内容。

（2）禁止数据造假。品牌在小红书平台上的运营活动，应严格遵守数据真实性的原则，不得通过任何手段对数据进行造假。任何与第三方机构合作，通过金钱交易增加点赞、评论、收藏和转发等数据的行为，都将被视为违规行为。虽然短期内可能带来表面上的数据提升，但一旦被小红书系统检测并确认，将对品牌账号进行降权、警告等处理，对品牌长期发展极为不利。此外，数据造假还可能引发用户对品牌真实性的质疑，损害品牌声誉。

（3）注意内容中的限制词。品牌在打造笔记内容时，应充分了解并遵守小红书平台对内容的规定，避免使用任何高敏感、高风险的词汇。同时，禁止在内容中出现微信、抖音等其他平台的引流内容，以确保内容的合规性。

（4）禁止发布不良信息或引人不适的内容。《小红书社区公约》明确禁止发布任何不良信息或引人不适的内容，包括但不限于社会负面信息、暴力恐怖信息、人身攻击信息、假冒伪劣信息、伪科学信息、色情低俗信息、赌博诈骗信息等。品牌应严格自律，确保所发布的内容符合社会道德和法律法规要求，避免对心智不成熟的低龄用户产生不良影响，同时维护小红书平台的健康生态和社会稳定。

因此，运营小红书，不但要研究清楚平台的推荐机制，更要严格遵守平台的规则。

3.4 小红书的笔记“三率”机制

小红书的笔记“三率”通常指的是点击率、互动率（包括点赞、评论和转发）、转化率，这三个指标反映了笔记的受欢迎程度和用户互动情况。

1.提高点击率的有效策略

用户的点击行为通常源自其对特定内容的兴趣。在用户浏览发现页时，若某篇笔记内容引起其兴趣，进而产生阅读意愿，用户便会进行点击操作，从而触发点击行为。所谓点击率，就是阅读量与曝光量的比值。比如平台让某篇笔记曝光了1万次，有1000个用户点击进来阅读笔记，那该篇笔记的点击率就是10%。点击率越高，说明笔记的内容越受欢迎。

根据小红书平台整体数据分析，笔记的平均点击率约为8%。因此，若某篇笔记的点击率低于这一数值，则可能意味着该笔记在吸引用户点击方面存在不足。品牌方应针对此现象进行深入分析，找出可能的原因，如标题的吸引力不足、主图或视频封面设计不佳，或是内容质量有待提高等，并采取相应措施提升笔记的点击率。

一些能够提升点击率的方法，大家可以试试。

（1）在笔记的标题上下功夫，写出接地气的、吸引人的标题，而不是用那些读不懂、不知所云的标题。也要懂得适当融入当时的热点、能够引发情绪的关键词。很多笔记点击率很高，我们可以学习其拟定标题的方法。

（2）运用抢眼且富有创意的标题和封面图片，第一时间抓住观众的注意力，提升内容的吸引力，促使他们深入观看并点赞。图片的选择应当紧密结合目标用户的实际需求场景，以深入理解和满足用户的期望与痛点为出发点。在此基础上，通过运用差异化的创意和新颖独特的呈现形式，我们能够构建出更具吸引力和引导力的内容，进而有效提升品牌在用户心目中的好感度和认同感。

（3）深入研究并把握目标观众的兴趣点，确保发布的内容能够最大程度地与他们的兴趣紧密相关，从而激发他们的互动欲望。

2.互动率

什么是互动率？

互动率是指用户与发布的内容进行互动的比例或频率。这里的“互动”可以包括点赞、评论、分享、点击链接或观看等多种形式。对于内容创作者、运营人员或品牌来说，了解并提高互动率至关重要，因为它直接关系到内容的传播效果和用户的参与度。

从上面的介绍中我们能看出，小红书的互动率与点赞、收藏、评论、转发几项有关系。判断一篇笔记是否优秀，就要看点赞、收藏、评论、转发量与阅读量之间的比例。互动率影响着平台对笔记内容的推荐概率，互动率越好的笔记，平台越会给流量推荐，进而形成滚雪球效应。

经过对小红书平台数据的深入分析，我们发现部分笔记虽然在阅读量上表现出色，但互动率却呈现出较低的趋势，这在一定程度上反映出笔记内容设置尚需优化。依据对小红书大数据的精准研究，当笔记在获得付费曝光后，其互动率若仍低于2%，则此笔记成为热门内容的可能性将显著降低。

哪些因素是笔记互动率低的根源呢？一般来说有以下几个。

（1）标题党。笔记的标题看着非常吸引人，结果点进去一看内容跟标题没有多大关系，用户就有一种上当的感觉，会立马退出，更不用说点赞、评论了。有的时候，很多人想用标题党的形式吸引用户进来，想以此增加系统的推荐流量，但是如果没有互动，用户停留时间也很短，系统反而不会给推荐。

（2）虚假宣传。标题是情感话题，笔记中的图片、文字却是在推广生活日用品，这种“挂羊头卖狗肉”的行为，当然无法赢得用户的青睐。如果营销信息过于明显，还有可能被系统限制流量，甚至屏蔽。

（3）没有干货。利他思维始终是做小红书的主要思路，我们提供的笔记内容必须能带给用户价值。如果内容空洞，没有干货，用户得不到有用的内容，互动率也会很差。

3.转化率

当目标用户被我们的笔记内容吸引，进而访问账号的主页时，这标志着他们有可能转化为品牌的忠实粉丝。为了最大化这种可能性，我们需深入探究并满足目标用户的需求。用户访问主页的目的是什么呢?

第一，被内容吸引，有好奇心，想要了解下。第二，想要了解该账号更多的信息，比如该账号推荐的产品如何，用户主要是想通过更多信息来判断对该账号、该品牌的信任度。第三，想要寻求别人的评价，作为自己做决定的参考。第四，确认该账号的调性是否与自己相符，这种确认是隐性的，用户无意识中就完成了。账号主页的调性、视觉、布局等，都会影响用户的潜意识。

在明确了用户的这些需求后，我们应对以下两个关键问题进行自查。

品牌账号基础问题的自查。品牌应对账号的头像、名称、简介、笔记内容等进行全面检查，确保在以下几个方面达到标准。

①头像清晰，避免使用模糊或低质量图片。

②头像和名称应直观体现品牌产品的类型和方向。

③简介应明确传达品牌的业务范围和核心价值。

④笔记内容需紧密围绕品牌，确保与品牌的相关性。

需要强调的是，品牌账号的笔记内容在表达上应始终回归到用户对品牌产品的实际需求上。在小红书等平台上，我们常见到一些品牌主页的简介过于笼统，缺乏明确性，导致目标用户在初次访问时难以迅速理解品牌的定位和业务。在信息碎片化的今天，用户往往没有足够的时间和耐心去深入挖掘和理解品牌的内涵，所以我们要在账号主页明确地把用户想要了解的内容给展现出来。

比如，一位美妆博主发布了一篇关于夏季防晒的笔记。为了提升点赞率，她制作了高质量的图片和详细的防晒指南。为了提升评论率，她在笔记中提出问题，如“大家夏天都用什么防晒霜？”，鼓励用户分享他们的经验和看法。为了提升转发率，她强调防晒的重要性，并鼓励用户转发给他们的朋友。

3.5 小红书限流自查与限流原因

在小红书平台上，我们可能会遇到这样的问题，本来正常的账号，突然就没有了流量，曝光量、阅读量等数据也大幅下降。这种时候，很可能就是被平台限流了。

所谓限流，就是流量限制，通常指网络平台为维持秩序、保障用户体验而对特定用户或内容实施的流量管控措施。在小红书等社交分享平台上，品牌为推广产品而投放大量内容，但部分用户反映其发布的内容未能获得预期曝光，这可能就是遇到限流了。

怎样去判定账号是否被限流了呢？可以看看这样几个指标。

（1）阅读量。普通用户发布的笔记通常可获得100多阅读量，而达人发布的内容则可能达到10万阅读量。若达人发布的笔记阅读量骤降至几百或几千，账号则可能存在问题。

（2）不被收录和推荐。若用户发布的笔记未被平台推荐，即被隐藏起来，无法被搜索引擎收录，导致无法展示给他人，这也是限流的一种表现。

（3）无法查看点赞和评论。在小红书上，博主间常互相点赞评论以增进互动。但若用户账号被限流，可能无法查看自己的点赞和评论。

（4）私信和评论功能受限。部分账号可能还会出现私信和评论功能受限的情况。

（5）笔记审核时间延长。发布新笔记后，审核时间变长，笔记发布速度受到影响。

账号被限流其实也比较常见。并不是平台突然对某些账号无缘由限制，而是大概率因为账号违反了平台的某些规则。

比如，由于用户发布的内容违反了平台规定，内容包含敏感词汇、夸大宣传、违规内容，或与用户私下分享联系方式等导致账号违规，以及发布不当内容被举报时，都会出现限流现象。

出现限流的情况也不用着急，可以采用以下步骤来改善。

（1）检查账号违规情况。检查账号昵称、头像、简介、发布的笔记内容等是否符合小红书社区规范，是否存在违规信息，如广告、低俗内容、虚假信息等。

（2）优化内容质量。提升笔记的原创性、相关性、趣味性和实用性，避免发布无价值或重复的内容。同时，确保内容符合目标受众的兴趣和需求。

（3）增加互动。鼓励用户参与互动，如评论、点赞、分享等，增加账号的活跃度。及时回复评论，与粉丝建立良好的互动关系。

（4）调整发布时间。根据粉丝活跃时间调整发布笔记的时间，提高内容曝光率。

（5）使用官方工具。利用小红书的官方工具，如薯条推广、话题参与等，来增加内容的曝光。

（6）维护账号健康。避免短时间内频繁发布相同或相似内容，保持账号活跃但不过度刷屏。

（7）遵守平台规则。密切关注小红书平台的最新规则和政策，确保账号运营符合平台要求。

（8）与平台沟通。如果账号被误判限流，可以尝试与小红书平台沟通，说明情况，请求解除限流。

（9）数据分析。通过数据分析了解账号的表现，找出问题所在，进行针对性的优化。

（10）持续更新。保持定期更新，持续提供高质量的内容，增强账号的生命力。

通过上述措施，可以逐步改善账号的表现，提高账号的活跃度和影响力，从而降低被限流的风险。

第四章

小红书内容：打造爆款内容有诀窍

4.1 小红书什么样的选题能爆

在自媒体时代，内容的质量对吸引流量、增加粉丝并实现变现具有决定性作用。为此，打造爆款内容成为最直接且有效的途径。爆款内容的产生并非偶然，而是多种因素协同作用的结果，这一点在小红书平台上尤为显著。

要成功打造爆款内容，需要我们深入理解和运用系统的工程化方法。首先，必须熟悉平台的算法推荐机制，理解其底层逻辑，以便更有效地利用平台资源。其次，爆款选题的策划至关重要，需要敏锐地捕捉和挖掘用户兴趣点。

在具体的内容创作过程中，吸引人的封面和标题是吸引用户点击的第一步。同时，文案的质量同样关键，必须引人入胜，让用户愿意深入阅读或观看。无论是图文笔记还是视频笔记，这些要素都是不可或缺的。

在研究选题之前，我们先来看看小红书的流量推荐机制。

1.小红书的流量推荐机制

用户所浏览的内容呈现多样化态势，源于不同用户对于内容的偏好各异。小红书凭借其算法技术，为每个用户定制了个性化的推荐页面，使得每位用户的浏览体验都独一无二。此类个性化推荐的形式，在诸多自媒体平台中均有所体现。

相较于其他平台，小红书的流量分配策略倾向于去中心化，既重视头部内容的引领作用，也不忽视长尾内容的多样性。根据统计数据，腰部KOC（关键意见消费者）及普通用户构成了平台内容创作的主力军。具体而言，在互动量超过1万次的小红书笔记中，腰部达人所贡献的内容占比高达43%。

此外，小红书的推荐页面采用双列信息流展示形式，赋予用户自主选择权，使其能够根据个人兴趣浏览感兴趣的笔记。而相关的流量来源，则主要涵盖以下几个核心方面。

（1）基础观看量：推荐首页作为笔记的主要流量来源，其热度通常能够维持约7日，甚至更长时间。

（2）搜索流量：此流量作为笔记发布后的辅助来源，具有显著的长尾效应，可能在发布后的数月乃至一年内持续吸引观众。当用户搜索特定关键词时，那些内容优质、观看和互动人数多的笔记会优先展示，从而提高被点击观看的可能性。此处的关键在于打造爆款内容和精准的关键词布局，以增强搜索的可见性。在账号初期，由于粉丝和笔记数量相对较少，一篇笔记的流量几乎完全依赖首页推荐。

（3）算法推荐指标。当笔记经过发布与审核流程后，平台将启动内容关键词提取机制，并启动小范围分发测试。在笔记发布的初始阶段，系统将初步选择将笔记呈现给1000名对相关内容具有潜在兴趣的用户，即笔记将在1000名用户的首页进行展示。随后，平台将基于这1000次曝光所产生的用户反馈数据，决定是否加大对该笔记的流量分配与推荐力度。此决策的依据主要涵盖点击率、完播率以及互动率这3个核心指标，它们共同构成了笔记能否在平台上获得广泛关注和热度的关键标准。这3个核心指标，我们在第三章已经做了详细介绍，此处不再赘述。

2.能够引发兴趣和传播的选题类型

明白了小红书笔记的推荐、分发机制，我们就应该在选题内容上多下功夫。任何热门内容，只有迎合用户的需求，才能得到最大范围的传播，如果是“自嗨”内容，是不可能爆火的。

（1）热门话题和趋势。要积极关注并深入探讨当前社会热点和流行趋势，包括但不限于流行文化、热门事件、季节性活动等。这些内容通常能够激发用户的浓厚兴趣，吸引他们的注意力。比如，在某个热门节日（如春节、国庆节等）期间，发布与节日相关的活动、美食或旅行攻略。比如，分享春节的传统习俗、特色美食或节日装饰指南。

（2）实用性和教育性内容。应该分享具有实际应用价值的内容，如实用技巧、教程、经验分享等。例如，可以提供美妆教程、烹饪技巧、健身方法等方面的知识。这些内容对用户具有实际帮助，容易引发他们的关注和分享欲望。如发布美妆教程，可以是“10分钟快速化妆技巧”或“适合职场的新手化妆指南”。这些内容对用户有实际帮助，容易引起关注和分享。

（3）情感共鸣和故事性。通过讲述个人经历和故事，触动用户的情感，引发共鸣。真实、有感染力的故事往往能够吸引大量关注，让人们产生共鸣和思考。比如分享个人成长故事，可以是“我是如何从一个普通职员成为行业专家的”。

（4）生活方式和兴趣爱好。涉及生活、时尚、旅游、美食等领域的内容，这些是用户在日常生活中关注和感兴趣的领域。可以分享关于生活方式、兴趣爱好等方面的内容，以满足用户的需求和好奇心。比如发布旅游攻略，可以是“5个必去的小众景点”。

（5）创新和独特视角。我们可以提供独特的见解或创新的内容，例如对常见事物的新奇解读、不同寻常的体验分享等。这样的内容能够满足用户对新鲜事物的追求，增加内容的吸引力。如“10个意想不到的厨房用品用途”，就能够提供独特的见解或创新的内容，能吸引用户的注意。

（6）互动性和参与性。设计一些可以引发用户参与和互动的话题，如问答、投票、挑战等。这有助于提高用户的活跃度，增强与粉丝之间的联系。

（7）高质量和视觉吸引力。确保内容质量高，包括高质量的图片和视频，以及引人入胜的标题和文案。优质的内容能够提升用户的阅读体验，增强内容的吸引力。如“5款夏季清凉饮品做法”。

（8）符合平台调性。小红书是一个分享生活经验和发现美好事物的平台，因此，在选题和内容创作中，应符合这一调性，以正面、积极的内容为主，传递正能量。分享日常生活中的“小确幸”，如“生活中的美好瞬间”。

（9）结合个人特色。结合个人风格和特色，创作与个人定位相符的内容。这样既能展现个人魅力，又能增加内容的吸引力和用户的黏性。如果是一个时尚博主，可以发布“我的日常穿搭日记”。

（10）与粉丝互动。在选题和内容创作中考虑粉丝的喜好和反馈，与他们保持良好的互动。这有助于运营稳定的粉丝群体，提高内容的传播效果。

总之，选择能引发用户兴趣和共鸣的选题，并确保内容质量和创意，是让选题在小红书上爆火的关键。同时，不断观察和分析平台数据，了解用户喜好和趋势，也是提升选题成功率的重要手段。

4.2 小红书的爆款标题这么写

不管是小红书还是其他平台，笔记和视频的标题都是极为重要的，好的标题能更容易吸引用户。

标题不仅要有吸引力，更要与内容紧密相关。一个与内容脱节的标题，即使再吸引眼球，也只会让用户在阅读后感到失望，从而影响创作者的口碑。因此，在创作标题时，我们要深入了解内容的精髓，用精练的语言概括出其核心要点，确保标题与内容的高度一致性。

同时，标题的创意性也是不容忽视的。在海量信息中，一个独特的标题往往能脱颖而出，吸引用户的注意力。我们可以尝试运用各种修辞手法，如比喻、拟人、夸张等，让标题更具表现力。此外，结合时事热点、流行语等元素，也能让标题更具时代感和话题性。

当然，标题的长度和排版也是需要注意的。过长的标题容易让用户产生阅读疲劳，而过短的标题则可能无法充分表达内容。因此，我们要根据内容的实际情况，合理控制标题的长度。在排版方面，适当使用标点符号、空格等元素，可以让标题更具层次感和易读性。

1.爆款标题的特点

小红书的爆款标题，都有这样几个特点。

（1）能引发好奇心。标题要能够激发用户的兴趣，让用户产生“我想知道这是什么”的欲望。如“揭秘：你不知道的旅行小秘密”“你绝对猜不到这个减肥方法有多有效！”等。

（2）突出价值。能清晰地传达内容能为用户带来的价值，如“技巧”“方法”“攻略”等，“5分钟搞定早餐，懒人必看！”“化妆新手必看：10个快速化妆技巧”都是能吸引粉丝阅读的标题。

（3）使用数字。数字能吸引用户注意力，如“5个技巧”“10个步骤”“3个方法，让你在家也能做SPA”“2024年最流行的5款发型”等。

（4）提问形式。通过提问引起用户思考，如“你还在为……发愁吗？”“还在为职场穿搭发愁吗？这些技巧帮你轻松应对”“你还在为选择口红色号纠结吗？”等。

（5）强调结果。突出内容所能带来的积极结果，如“轻松解决……问题”“学会这个，你也能……”“学会这些，你的英语口语将大幅提升！”“轻松解决厨房清洁难题，让厨房焕然一新！”等。

（6）结合热门话题。紧跟当下热门话题和趋势，如结合节日、流行文化，“五一假期去哪里？5个国内小众旅游地推荐”“2024年流行色：如何把流行色穿出自己的风格？”等。

（7）情感共鸣。使用能引起用户情感共鸣的词汇，如“感动”“震撼”“回忆”“回忆杀：那些年我们一起追过的电视剧”“感动瞬间：那些让人泪目的亲情故事”等。

（8）简明扼要。标题要简洁明了，一目了然，避免冗长或复杂的表达。比如，“快速减肥：一周瘦5斤的秘诀”“家居收纳：小空间大利用的技巧”等。

2.撰写爆款标题的方法

爆款标题本身有其规律，掌握了这些规律，写出热门的标题并不难。

（1）确定目标受众。例如，若你是美妆博主，主要目标受众倾向于关注时尚与美容领域的女性群体。在明确这一受众群体后，我们可以发现她们可能对快速化妆方法、护肤品选择以及流行彩妆动态等议题抱有浓厚兴趣。因此，在拟定标题时，我们可以针对性地融入如“美妆秘笈”“高效化妆技巧”“护肤精品推荐”等关键词汇。

（2）深入剖析热门标题。在小红书平台上，通过搜索“美妆”等相关关键词，我们可以观察到热门的笔记标题。诸如“3分钟美妆速成法”“2024年度美妆风尚概览”等标题，它们往往结合了数字、流行元素，并直观地传递了内容的核心价值。

（3）突出内容的核心价值。若你计划分享“高效化妆技巧”，标题应直接体现这一点，如“化妆新手必读：5分钟高效化妆秘籍”。这样的标题直接告知用户，他们将从中学习到快速有效的化妆方法，从而感受内容的实际价值。

（4）融入情感色彩与数字元素。在标题中加入如“惊艳亮相”“实用宝典”等情感词汇，或运用数字如“10大秘诀”，例如“惊艳亮相！10大化妆新手必备技巧”。这样的标题不仅吸引用户的注意力，还能激发他们的好奇心，促使他们进一步浏览内容。

（5）持续优化与测试。在标题的选择上，我们可以尝试多种方案。例如，对比“化妆新手必读：5分钟高效化妆秘籍”与“惊艳亮相！10大化妆新手秘诀”两个标题，观察哪一个在互动率上表现更佳。根据用户的反馈和数据分析，我们可以对标题的长度、语气以及强调点进行微调，以实现最佳的传播效果。

撰写小红书爆款标题的关键在于深入了解目标受众，研究热门标题的特点，明确内容的价值，使用情感和数字吸引用户，并通过测试和优化来不断提升标题的效果。通过这些策略，可以创作出更具吸引力和点击率的标题，从而提高内容的曝光率和互动量。

4.3 小红书的封面与内页图如何设置更吸引人

在小红书上，封面和内页图的设置对吸引用户点击和提高内容表现至关重要。

1.封面设计

用户打开小红书，首先进入的是发现页面，瀑布流呈现的内容有两个核心点，一是封面，二是标题。标题我们已经说过了，现在来看看封面。其实封面形成的视觉冲击力要比文字更直接，用户往往是先看封面，再看标题。

（1）清晰度与质量保障。在封面设计过程中，务必确保图片的清晰度与质量，以体现内容的严谨性与专业性。这要求图片本身具备高分辨率及适当的压缩比，同时在上传过程中须保持画质不受损害。

（2）色彩与风格选择。色彩的选择对于封面的吸引力至关重要。设计封面时应选择与内容主题相契合的色彩与风格，例如，健康早餐笔记可运用明亮、充满活力的色彩如橙色、黄色和绿色，既代表健康又能激发用户的食欲。如果颜色应用不当，会让用户没有打开的欲望。

（3）信息突出与强调。封面作为用户快速了解内容的窗口，需突出最重要的信息或主题。可通过大号字体呈现标题或使用图片直接展示内容主题，如美味早餐图片，以吸引用户阅读兴趣。

（4）留白处理。适当的留白可使封面布局更为舒适，避免拥挤感。同时，留白也有助于突出封面上的重点元素，提升设计的简洁明了度。我们可以去看看那些封面留白做得非常不错的笔记，借鉴学习。

（5）创意与个性化设计。个性化设计可增强内容的辨识度，吸引用户关注。可结合内容特点进行设计，如融入热点事件、流行元素或独特的插画风格，使封面独具特色。

2.内页图设置

在做好封面设计后，笔记的内页图也要与封面风格统一。不能反差过大，让人有被欺骗之感。

（1）视觉连贯性维护，内页图应延续封面的风格与色彩，保持整体视觉效果的一致性。这有助于提升用户体验，使内容浏览更为舒适。

（2）内容要有相关性。内页图须与封面及内容紧密相关，避免使用与内容无关的高质量图片，以免引起用户困惑。例如，健康早餐笔记的内页图应展示早餐相关食材，如燕麦、水果、坚果等。

（3）高质量与清晰度要求。内页图同样需保证高质量与清晰度，以提升用户体验。高质量的图片有助于用户更好地欣赏内容，同时增强内容的说服力。

（4）图文结合方式。在内页图中可采用图文结合的方式呈现内容，既展示图片的美观性又通过文字传达更多信息。例如，在图片下方附上简单的文字说明，如“燕麦：高纤维，助消化”。

（5）合理布局。内页图的布局应合理，避免图片过多或过少，以保持视觉平衡。可根据内容的逻辑关系和用户阅读习惯进行布局调整，使内容浏览更为顺畅。

（6）情感表达。内页图应能表达一定的情感或主题，与标题和封面形成呼应。这有助于用户在阅读内容时产生共鸣，提高用户黏性。

假设需发布一篇关于“健康早餐”的笔记，封面可选用色彩鲜艳、风格健康的早餐图片，标题为“5分钟健康早餐，让你的早晨充满活力！”；内页图则展示燕麦、水果、坚果等早餐食材的具体图片，每张图片下方附上简单的文字说明，如“燕麦：高纤维，助消化”。

这样的话，封面与内页图的设置就能相互呼应，共同传达内容的主题与价值，给用户以更好的浏览体验。

4.4 小红书爆款图文的创作方法

什么样的图文笔记易于获得广泛关注并登上热门榜单？当然是传递价值、传递方法、利他的内容。这类内容因其高信息密度和实用价值，深受用户喜爱，往往能引发大量的点赞和收藏。因此，图文笔记吸引流量的关键在于围绕某一特定主题进行内容的聚合。内容聚合，就是根据特定主题或关键词，将已有内容进行重新组合排序，生成新的列表或专题页面，旨在为用户提供关于同一主题的丰富阅读选择。

聚合式小红书笔记则是围绕某一主题或关键词，以清单形式整理相关知识、方法、经验和工具，为用户提供便捷的使用体验。此类聚合型实用内容，相较于单一知识点的笔记，往往能获得更多的点赞和收藏。

针对此类爆款笔记的文案编写，以下提供两种常见的写作模式：

1.总分总“三段式”写作模式

（1）开头：引人入胜并点明主题。开头部分需迅速吸引用户注意，引出主题，强调内容的价值和用户的收获，避免冗长的过渡和铺垫。在有限的时间内，吸引用户继续阅读是开头的核心目标。

（2）中间：呈现核心价值。中间部分需按逻辑顺序、有条理地组织主体内容；排版清晰，便于用户快速浏览；语言精练，不拖泥带水，用有限的字数充分展现干货内容。

（3）结尾：金句升华与互动引导。结尾部分运用金句进行内容升华，激发用户共鸣，并引导用户进行互动。同时，设置统一的结束语，明确展示个人定位，简要说明分享内容、分享目的以及为何值得关注，从而提高用户的关注度。

我们可以根据这个方法设计几个例子做参考。

例子 1：美妆教程

总述：

掌握这 5 个简单的美妆技巧，让你轻松打造完美妆容。

分述：

1. 底妆：选择合适的粉底液，打造无瑕肌肤。
2. 眼妆：使用眼影盘，轻松打造深邃眼眸。
3. 唇妆：选择适合自己肤色的口红，提升气色。
4. 腮红：选择自然色调，增添好气色。
5. 修容：利用修容粉，塑造立体五官。

总结：

通过这些简单的技巧，你也能成为美妆达人，展现自信的魅力。

例子 2：健身计划

总述：

5 个有效的健身动作，帮助你在家也能保持好身材。

分述：

1. 深蹲：锻炼大腿和臀部，提高基础代谢率。
2. 俯卧撑：增强胸部、肩膀和三头肌的力量。
3. 卷腹：针对腹部肌肉，减少腹部脂肪。
4. 哑铃弯举：锻炼二头肌，塑造手臂线条。
5. 瑜伽：放松身心，提高身体柔韧性。

总结：

坚持这些简单的健身动作，让你在家也能拥有健康和活力。

例子 3：美食推荐

总述：

探索 5 种地道的中国美食，让你的味蕾享受一场盛宴。

分述：

1. 北京烤鸭：酥脆的皮，多汁的肉，不可错过的北京特色。
2. 四川火锅：麻辣鲜香，丰富的食材，让你欲罢不能。
3. 广东早茶：精致的点心，让你感受粤式美食的精髓。

4. 云南过桥米线：独特的吃法，鲜美的汤底，让你回味无穷。

5. 新疆手抓饭：丰富的配料，香浓的米饭，带你领略西域风情。

总结：

这5种地道的中国美食，每一道都是独特的味觉体验，绝对值得一试。

例子4：读书笔记

总述：

分享五本值得一读的励志书籍，激发你的内在潜能。

分述：

1. 《活出生命的意义》：探讨生命的意义，帮助你找到前进的动力。

2. 《原则》：作者分享自己的生活和工作原则，指导你做出更好的决策。

3. 《高效能人士的七个习惯》：培养良好的习惯，提高个人效能。

4. 《自控力》：帮助你了解和提升自控力，实现目标。

5. 《思考，快与慢》：探讨人类思维的两种模式，让你更了解自己的决策过程。

总结：

这些励志书籍不仅能丰富你的知识，更能激发你的潜能，让你成为更好的自己。

这些文案，再配上合适的图片，就是一篇非常不错的笔记了。有的博主比较擅长设计图片，可以利用一些软件，把这些文案设计在合适的图片中，配上相关的图片要素，浏览量就会猛增。

2.清单式写作模式

清单式写作模式是一种结构化的写作方式，它通过列出清单的形式来组织内容，使信息清晰、易于理解和记忆。这种写作模式通常包括以下特点。

（1）有序排列。清单中的项目通常按一定的顺序排列，可以是时间顺序、重要性顺序或逻辑顺序等。

（2）简洁明了。每个项目简短明了，直接表达一个观点或信息，避免冗长和复杂的描述。

（3）易读性。清单式的结构使得内容易于阅读和理解，特别适合信息量大或复杂的内容。

（4）便于记忆。清单式结构有助于读者快速抓住关键信息，便于记忆和回顾。

（5）互动性。清单可以引导读者参与，如提供问题清单、任务清单等，鼓励读者互动。

清单式写作模式适用于各种类型的内容，如生活技巧、学习方法、旅行攻略、购物清单等。在小红书平台上，清单式写作可以用于分享经验、提供建议、介绍产品等，因为其清晰明了的特点能够吸引用户的注意，并提高内容的互动性。

我们举几个例子，帮助大家理解。

比如笔记是旅行攻略，我们可以这样设计。

☑标题：“5个不可错过的欧洲小镇”

☑内容：

①意大利的五渔村，迷人的海岸风光和丰富的海鲜美食。

②德国的科尔马，法式风情和浪漫的运河。

③西班牙的格拉纳达，阿尔罕布拉宫的壮丽建筑。

④希腊的圣托里尼，美丽的日落和蓝色圆顶教堂。

⑤葡萄牙的埃武拉，保存完好的历史建筑和古老的大学。

比如笔记是关于健康饮食的内容，就可以这样设计。

☑标题：“7天健康早餐计划”

☑内容：

①燕麦粥，搭配新鲜水果和坚果。

②酸奶配水果和麦片。

③全麦面包搭配鸡蛋和蔬菜。

④蔬菜沙拉，搭配鸡胸肉和橄榄油。

⑤水果和坚果混合。

⑥绿色蔬菜汁。

⑦酸奶水果杯。

这几个例子展示了清单式写作模式在提供信息、建议和攻略时的清晰和实用性。通过简洁的项目列表，粉丝可以快速抓住关键信息，并按照清单中的建议进行操作或参考。

具体到写作过程中，我要特别强调下笔记开头的创作。

笔记的开头对吸引用户继续阅读至关重要，因此，必须精心设计以迅速抓住用户的注意力并引导他们深入阅读。鉴于小红书文案的字数限制，即不超过1000字，开头部分更应追求简洁明了、直击要害的效果。

（1）精准指出痛点。

针对用户普遍面临的痛点，以直接而深刻的方式提出，旨在迅速引起共鸣并激发解决问题的渴望。例如，“职场中，是否存在那些擅长迎合却业绩平平的同事，却总能赢得领导的青睐？面对这种不公，我们该如何优雅地提升自身在领导心中的地位？本文将为你揭秘五大策略。”

（2）引用经典金句。

若个人创作难以立即吸引眼球，可巧妙借用名人名言作为开篇，以增强文案的权威性和吸引力。例如，“正如莫言先生所言：‘所有伤害你的人，都是故意的。’在职场这个复杂的舞台上，软弱往往意味着被动。然而，当你展现出强大的气场时，你会发现，工作之路将变得更加顺畅。接下来，我将分享十年职场心得，助你构建不可撼动的职场地位。”

（3）直接阐明价值。

开篇即明确告知用户，本文将为他们带来何种实质性的帮助或解决何种具体问题，以此作为强有力的钩子留住读者。例如，“年终将至，是时候为过去一年的辛勤付出画上圆满的句号了。想要撰写一份令人印象深刻的年终总结，为升职加薪铺平道路吗？请务必阅读本文，获取关键技巧。”

（4）展示个人成就。

利用人们对成功的向往和对强者的仰慕心理，在开头部分分享自己的辉煌成就和丰富经验，以此树立专业形象并激发读者的阅读兴趣。例如，“历经体制内磨砺、自由职业的闯荡、大企业的洗礼，直至创立自己的公司并实现从零到一的飞跃，我深知求职与职场的种种艰辛与机遇。作为一位曾经的员工、如今的领导者以及面试的双重经历者，我更能深刻理解求职者的心声与需求。”

（5）紧跟热点话题。

借助当前社会热点或广泛关注的议题作为切入点，迅速吸引用户的注意力并引导其进入文案的主题。例如，“面对‘2023年1158万大学毕业生何去何从’的就业难题，网络上充斥着‘史上最难就业季’的论调。然而，历史总是惊人地相似，每年都被冠以‘最难’之名。但值得注意的是，即便在这样的环境下，仍有人能够脱颖而出。这背后，除了环境的因素外，更关键的是个人的选择与努力。本文将深入探讨如何在艰难就业困境中寻找到属于自己的出路。”

4.5 小红书爆款视频笔记创作方法

很多人一提到做视频就想到拍摄、剪辑会很复杂且耗时，但真正开始拍视频后又会发现最难的不是拍摄、剪辑（详见第三章），而是写文案脚本。很多人之所以无法持续输出视频，就是因为无法创作有价值的文案脚本。本节围绕视频文案脚本这个关键因素，分别从脚本策划、文案创作万能模式和视频发布技巧3个方面，详述爆款视频笔记该如何打造。

1.脚本准备

在视频的制作过程中，不论其类型如何，均需在拍摄前进行周密的脚本策划。通常，脚本可以归结为以下3类：

（1）脚本提纲。此类脚本旨在明确拍摄的主题、类型、核心内容以及视频风格等要素，通过列出整体框架和要点，明确拍摄的关键内容和关键词，以防止拍摄遗漏或现场表述不清。此类脚本特别适用于探店Vlog、旅行Vlog以及访谈式口播等视频形式。

（2）分镜脚本。分镜脚本则将文字转化为可以直接通过镜头表现的画面语言，其中详细规定了每个场景的画面构成、景别、拍摄手法、时长、旁白、道具、音乐及音效等元素。这种脚本适用于制作较为复杂的Vlog和剧情类视频，如小剧场形式。对于普通拍摄者而言，简化版的分镜脚本已足够应对复杂的拍摄需求。

（3）文学脚本。文学脚本，即纯文字脚本，主要涵盖拍摄的主题、涉及的人物及其台词，适用于那些无须复杂剧情的短视频创作，如口播、教学、产品测评等类型。

2.三段式结构

视频笔记的完播率作为衡量其质量的重要标准，其核心在于文案脚本的精细策划，而非创作者仅凭个人节奏随意表述。鉴于用户的耐心和时间有限，他们对冗长且乏善可陈的内容缺乏兴趣，若视频笔记的开头未能迅速吸地引用户注意，内容叙述缺乏逻辑结构和层次，结尾缺乏精妙的总结或引导，那么该视频将难以吸引用户的持续观看。因此，低下的完播率和不足的浏览量将成为必然现象。

经验丰富的创作者深知，提高完播率的关键在于开篇即能凸显亮点，从而激发用户的观看兴趣；在内容展开时，需保持叙述的条理性和层次性，确保观众能够持续跟随并保持关注；而在结尾部分，则需巧妙引导，激发用户的点赞和收藏意愿，从而提升视频笔记的整体互动性和传播效果。

（1）吸引人的开头。

什么样的视频开头能够牢牢吸引用户的注意力呢?

第一，一个引人入胜的视频开头应该具备能够直接提出一个鲜明观点的能力，让观看者立刻对视频内容产生浓厚的兴趣。这样的开头能够明确视频的主题，让用户在一开始就能了解到他们即将观看的内容有何价值。这种开头的魅力在于，它能够迅速抓住用户的注意力，使他们产生继续观看下去的欲望。

第二，直接给出结论的开头也是一种有效地吸引用户的方式。通过提出一个令人惊讶或引人深思的结论，视频的开头能够激发用户的好奇心，促使他们继续观看以了解更多。这种开头的好处在于，它能够迅速引发用户的思考，使他们产生继续观看下去的动力。

第三，讲故事的开头能够让用户在情感上与视频产生强烈的连接。通过讲述一个与主题相关的故事，开头能够引起用户的共鸣，使他们更加投入视频的内容。这种开头的优势在于，它能够让用户在情感上与视频产生共鸣，从而增加他们对视频的喜爱程度。

第四，提出问题也是吸引用户的一种有效方法。通过提出一个引人入胜的问题，开头能够激发用户的思考，使他们想要继续观看以找到答案。这种开头能够让用户在寻找答案的过程中，逐渐投入视频的内容。

第五，做对比的开头能够通过展示不同之处来引起用户的兴趣。通过对比，视频开头能够突出主题的重要性和独特性，使用户对视频产生更大的兴趣。这种开头的魅力在于，它能够让用户在一开始就能了解到视频的独特之处。

第六，给用户价值也是吸引用户的一种方式。开头部分可以通过提供有价值的信息或见解来吸引用户，让他们觉得观看视频是有价值的。这种开头的优势在于，它能够让用户在一开始就能感受到视频的价值，从而增加他们对视频的喜爱程度。

第七，金句的开头能够通过一句深刻或有启发性的话来吸引用户。这样的开头能够引起用户的共鸣，使他们想要继续观看以获得更多的启发。这种开头的魅力在于，它能够让用户在思考的过程中，逐渐投入到视频的内容中。

第八，吸引人的视频开头可以通过代入情绪，让用户在情感上与视频产生连接，从而激发他们的兴趣和好奇心。

无论是通过提出观点、给出结论、讲故事、提出问题、做对比、给用户价值还是给金句，一个好的开头都能够吸引用户的注意力，使他们更加投入视频的内容。

（2）有条理且让人愿意阅读的过程。

视频的中间部分，主要就是进行论述、给出证据、呈现分析过程等，过程是打动用户的有效手段。

在给出证据和分析过程时，我们采用多元化的方式，以图文结合、动画演示、专家访谈等多种形式来展现。这样，不仅能丰富视频的呈现形式，让内容更加生动有趣，还能帮助用户更好地理解和接受我们的观点。

同时，我们也要非常注重内容的逻辑性和连贯性。在论述过程中，我们会明确提出观点，然后逐步展开，层层递进，最后得出结论。这样的结构不仅能让用户清晰地把握我们的思路，还能增强他们对内容的信任感。

当然，我们也知道，一个视频的成功并不仅仅取决于内容的深度和质量，还需要有良好的互动和反馈机制。这就涉及视频的结尾。

（3）能引发共鸣的结尾。

结尾的作用有几个，比如能引导用户增加关注，比如能让读者产生强烈的共鸣，再比如能为文章画上一个完美的句号，给读者留下深刻的印象。但除了这些，结尾还有一个重要的作用，那就是激发读者的思考。

比如，在一篇关于成功的笔记中，结尾可以这样设计："成功并不是一蹴而就的，它需要我们不断地努力、学习和坚持。但只要我们勇敢地迈出那一步，不断地追求自己的梦想，成功就一定会在前方等待着我们。让我们携手共进，为了梦想，永不放弃！"这样的结尾，既总结了文章的主旨，又鼓励了读者勇敢追求梦想，充满了积极向上的力量。

我们总结了几种结尾的方法，可以做借鉴。

①金句升华类型。结尾处常使用金句，对内容主题进行深度强调与提升。例如："成功并非偶然，它源自背后默默付出的努力"。

②总结互动类型。结尾部分对要点进行总结，并引导用户进行互动。例如，对于“如何塑造自信”的主题，总结如下：“综上所述，自信源自正确的观念、丰富的阅历和成功的经历。这三者缺一不可，共同构成了坚实的自信基础。你是否已经理解并认同这一观点？欢迎在评论区分享你的想法。”

③抒情励志类型。结尾部分采用抒情励志的方式，给予用户以宽慰与鼓励。例如：“请相信，无论行业前景如何，只要你热爱并持续努力，总会开辟出属于自己的一片天地。因为最终的成功，都离不开自己的不懈努力。”

④呼吁行动式类型。通过呼吁行动，传递正能量，激发用户的参与热情。例如：“我诚挚地邀请你加入我们的行列，共同见证3个月后的蜕变与成长。让我们携手共进，为2024年留下最美的回忆。”

⑤激发感召类型。结尾部分采用激情四溢的言辞，激发用户的共鸣与认同。例如：“有志者事竟成，只要拥有坚定的信念和勇往直前的精神，任何目标都能够实现。让我们携手努力，共同迈向美好的未来。”

4.6 小红书笔记发布时间策略

在小红书平台上发布笔记，选择合适的发布时间对于吸引用户注意力和提高内容曝光度至关重要。内容呈现给用户时，必须充分考量其发布时间与平台用户的阅读习惯相匹配。我们应避免仅基于个人空闲时间和完成度来决定发布时机，而应深入分析并遵循用户的活跃时段。

1.时段选择

（1）早班高峰（6~8点）。在此时间段内，用户多在通勤途中，如乘坐地铁、公交或步行，此时拥有较多碎片化的空闲时间。鉴于时间零散且不便进行其他活动，用户倾向于在社交平台上打发时间。此阶段在线用户众多，且大多数人处于良好的情绪状态，对于内容更易于接受。

（2）午休高峰（11~13点）。午饭后，浏览手机成为许多人的习惯。此时用户活跃度同样较高，且心境轻松，阅读兴趣和耐心均处于较高水平。

（3）下班高峰（16~18点）。多数人在下班途中，与早班高峰相似，用户拥有较多的空闲时间，会习惯性地打开社交软件。

（4）睡前高峰（20点至次日1点）。晚餐过后，人们通常进入一天中最闲适的时段。特别是在20点左右，用户活跃度达到高峰，在线时间较长，主动搜索内容的意愿强烈。

这些时段内，小红书的在线用户众多，平台流量相应增加。然而，同样值得注意的是，这些时段也是作品发布的高峰期。发布者应根据自身作品的内容和质量，选择最为合适的发布时段。发布时间不仅会影响平台的流量推荐，还会在一定程度上影响用户阅读笔记时的心情和状态。因此，选择合适的发布时间，能够有效提高笔记成为热门内容的概率。

2.笔记发布时间策略

（1）了解目标受众的活跃时间。不同用户群体有不同的活跃时间段。例如，学生群体可能在21点后活跃，而上班族可能在工作日的午休时间（12点到14点）和下班后（18点到20点）活跃。了解你的目标受众的作息习惯，选择他们最可能浏览小红书的时间段发布内容。

（2）利用小红书的算法推荐机制。小红书使用算法来推荐内容给感兴趣的用户，理论上任何时间发布都能被推荐给合适的用户。然而，用户在特定时间段内的行为习惯和心理状态会影响他们点击内容的概率。例如，早晨发布正能量内容，晚上发布情感内容可能更吸引用户。

（3）进行A/B测试。尝试在不同的时间段发布相同内容，然后观察哪个时间段的互动数据更好。通过这种方式，你可以找到最适合你内容的发布时间。

（4）考虑内容类型。不同类型的内容适合不同的发布时间。例如，教育类内容可能在早上发布更好，因为它们可以帮助用户开始新的一天；娱乐类内容可能在晚上发布更好，因为用户在休闲时间更有可能浏览娱乐内容。

（5）利用小红书的官方数据和工具。小红书提供了数据分析工具，可以帮助你了解哪些时间段的内容表现最好。利用这些工具来优化你的发布时间策略。

（6）保持一致性。一旦确定了最佳发布时间，尽量保持一致，这样可以帮助用户形成浏览习惯。

总之，选择合适的小红书笔记发布时间需要考虑目标受众的活跃时间、内容类型、小红书的算法推荐机制以及通过A/B测试得出的数据。通过这些策略，你就可以提高内容的曝光率和互动率。

第五章

小红书运营：

从工具到策略，精细化操作

5.1 小红书的运营工具有哪些

小红书的运营工具很多，我们分几个方面来说，分别是灵感创意、图文创意、数据分析。

1.灵感创意

在灵感创意上，核心是找到更多选题，推荐如下选题工具。

（1）创作灵感获取：在小红书App中，点击“我”界面，进一步选择“创作灵感”，随后进入具体内容的浏览与学习。这里涵盖了大量关于小红书选题与运营策略的宝贵信息，为用户提供丰富的创作指导。

（2）关键词挖掘策略：通过在小红书搜索框内输入品类关键词，可查看TOP20关注度较高的话题。选定关键词后，进一步细化至品类下的子词汇，这些词汇均具备作为新选题的潜力。

（3）关键词规划工具应用：针对广告投放需求，广告投放客户可登录聚光平台，利用其中的“关键词规划工具”。通过选择该工具并搜索品类词，系统将推荐相关的上下游词汇，辅助客户进行更精准的关键词规划。

（4）广告投放创意参考：小红书为广告投放客户提供了丰富的创意参考。在开通广告审核功能后，客户可点击“投放创意”模块，查看并学习不同行业的优秀广告案例，从而启发自身广告创作的灵感。

（5）小红书商家千帆版功能：商家可通过千帆版查询飙升词和热搜词，这些词汇反映了当前的流行趋势和用户关注点，有助于商家制定更加贴合市场需求的内容策略。

（6）今日热榜应用：作为一个集合主流平台内容的工具，今日热榜汇集了知乎、百度、36氪等平台的排行榜内容。在撰写小红书内容时，用户可参考这些平台上的热点文章，把握时代脉搏，创作更具时效性和吸引力的内容。

（7）Topys创意平台推荐：Topys作为一个广告人创意平台，汇聚了大量最新的社会化传播创意。这里不仅有针对小红书的内容，还包括品牌、营销和文案等方面的学习资料，为用户提供全面而丰富的创意灵感来源。

（8）百度热榜价值：百度热榜是了解当前社会热点的重要窗口，它汇集了各行各业的最新动态和热门话题。通过关注百度热榜，用户可以获得丰富多样的内容创意，为小红书的创作提供更多可能性。

2.图文创意

图文创意的核心涵盖素材创意与小红书图片编辑两大领域。素材创意旨在获取原创资料，而图片编辑则致力于提升封面点击率。

（1）创意素材。

①Pexels：提供丰富且免费的图片资源，英文搜索效率较高，也有中文版接口，但搜索结果精准度有待提高。

②Vcg：作为视觉中国旗下的网站，注册用户可享有200个小样权限。建议多注册账号以获取更多资源。

③花瓣网：该平台专注于收集优质封面图，用户可通过花瓣采集功能进行收集。具体步骤包括：登录花瓣网，设置小红书封面模板专辑；下载并安装花瓣网插件，确保扩展功能已启用；在PC端浏览小红书时，直接采集对应封面。

④Iconfont：作为矢量图ICON图标网站，用户可在此下载图标，用于PPT制作等后期设计。

（2）图片编辑。

①Canva：提供手机端与电脑端版本，适用于头图、海报等设计。

②美图秀秀：拍照功能使图片更为清晰，支持后期调色与拼图时的临时替换。

③黄油相机：提供丰富的模板供用户直接嵌套，整体风格贴近ins风格，适合小红书风格的图片编辑。

④稿定设计：提供专门的小红书与公众号模板，但多数功能需收费，否则将带有水印。

（3）视频剪辑类。

①剪映：分为电脑专业版和App版本，电脑版支持自动识别字幕与贴纸特效，App版简单易用，适合新手，但需注意画质压缩问题。

②VUE：无剪辑时间限制，具备美颜功能与多种贴纸，适合电影剪辑视频或Vlog制作。

③猫饼：支持为每个片段添加滤镜，特效丰富且操作简便。

④新片场：为视频剪辑提供丰富的参考资源，用户可观看同类型运镜与拍摄方式，拆解学习。

3.数据分析

在数据监测方面，小红书的监测更多聚焦于达人和企业号。

（1）小红书App后台数据：通过“创作中心”查看近7日/近30日的数据，详细分析用户观看、互动、转化等关键指标。

（2）灰豚数据：作为全网性价比极高的第三方数据工具，灰豚能够实时监控当前热门内容、品牌及达人榜单，为新手博主提供低粉爆文榜作为创意参考。

（3）小红书小程序：该工具允许用户查询特定关键词的笔记数量，通过搜索关键词获取具体数值，但请注意这些数值多为预估值。

（4）蝉妈妈：作为蝉大师数字营销服务矩阵的一部分，蝉妈妈（包括其小红书营销数字决策平台蝉小红）致力于帮助用户快速寻找达人/博主、商品，并提升直播和短视频带货效率，打造爆款笔记。同时，为直播电商从业者、品牌、机构和达人提供投放分析、监控、热点趋势等服务。

（5）果集·千瓜：这是专注于小红书营销数据分析的平台，提供全方位的数据透视和分析，涵盖达人、笔记、直播等数据的深入分析，以及品牌投放分析、选品找号、营销效果追踪、舆情监控等全方位数据服务。

（6）新红：作为新榜旗下的数据分析工具，新红专注于小红书平台，发布权威的小红书垂类榜单，并提供小红书及笔记的搜索查找、流量运营、品牌种草投放等全面数据服务。

（7）微词云分词：这是一个快速捕捉当前热门选题的工具，通过结合灰豚等工具导出热门标题或对标文案，再利用微词云分词工具分析用户关注点，为后期选题提供参考。

5.2 小红书运营常见的10个核心问题

在小红书运营过程中，可能会遇到常见的10个核心问题及其解答。

1.新账号是否需要养号才能发文

新账号建议进行1~7天的正常用户行为，如浏览、点赞、收藏、评论，同时确定账号定位，修改昵称、头像和个性签名，避免违规操作。

2.新账号每篇笔记浏览量只有100多，是否正常

在正常情况下，新账号发布的笔记会先经历一个小范围的测试推送阶段。若在此期间，相关的数据反馈表现良好，那么该笔记将会获得更广泛的推荐和曝光。因此，为确保内容的有效传播，强烈建议创作者注重内容的质量，以吸引用户的积极参与和互动。

3.如何提高笔记的曝光量

在提升内容曝光量方面，除了确保内容的质量达到高标准外，

还需精心选择相关的话题标签，并选取恰当的发布时间。同时，有效利用薯条平台的功能进行投放，以进一步增加内容的可见性。在内容创作上，务必保证原创性，并确保其高质量，同时巧妙地融入关键词和话题标签。为了维持账号的活跃度，建议定期发布内容。此外，还应充分利用小红书的算法推荐机制，通过优化发布时间，使内容更加符合用户的阅读习惯，从而提高内容的曝光效果。

4.如何快速涨粉

涨粉的核心要素在于内容的卓越品质以及用户对平台的持续黏附力。在策略上，除了精心策划自我介绍与互动引导外，也应在个人简介中详尽且准确地呈现个人信息，以及所能为粉丝带来的实际价值。

为了有效吸引目标受众，账号的明确定位至关重要。同时，发布具有深度、独特性和趣味性的内容，积极与粉丝进行互动交流，也能显著提升粉丝的忠诚度和活跃度。

此外，积极参与热门话题和线上活动，能够有效扩大账号的曝光度和影响力，进而吸引更多潜在用户的关注和参与。

5.小红书对新手有哪些红利

小红书针对新手用户特别推出了流量扶持政策和免费流量券，旨在为新用户的前十条内容提供新手红利期。在此期间，只要用户持续发布笔记，平台将给予更为丰富的流量支持，以助力用户快速融入社区并获得更多曝光机会。

6.如何优化小红书账号的基础信息

首先，对账户的头像、昵称、简介等关键信息进行更新，以确保其准确性和时效性。其次，为进一步提升账号的权威性和可信度，建议考虑将账号升级为专业号，这样更有权威性，将有助于你在平台内树立更加专业、可靠的形象，增强与用户的互动与信任。

7.如何与小红书官方互动

为了提升内容的曝光度和影响力，建议用户积极寻找与自己内容领域相关的官方账号，并适当进行互动。通过与官方账号的互动，我们能够增加获得流量扶持和推荐的机会，进而提升内容的传播效果。

8.如何避免运营风险

为确保账号安全及数据完整性，强烈建议用户避免频繁进行异地登录、账号间频繁切换以及大规模批量操作等行为。同时，也要杜绝采用非正常手段以提高数据，包括但不限于刷量等不当行为。这些行为不仅可能损害你的账号安全，还可能对系统稳定性及数据量造成不良影响。

9.如何找到小红书的爆点

在内容创作过程中，既要运用感性的思维来捕捉和激发创意，寻找潜在的热点，同时也不能忽视理性的分析。我们需要运用逻辑思维来深入剖析数据，从消费者、品牌和平台的多重视角进行考量，确保内容的全面性和准确性。

10.如何进行账号推广

在推广策略中，我们倾向于采用小红书平台提供的广告工具，如薯条推广，以优化内容传播。同时，也可以寻求与其他博主或品牌建立合作关系，通过互相推广的方式，共同提升影响力。此外，还要积极参与小红书官方举办的活动，旨在通过官方渠道获得更多的曝光机会，从而提升品牌知名度。

5.3 小红书运营数据分析与改善

在运营账号的过程中，核心的思维模式可归纳为两种：用户思维和数据思维。用户思维强调博主应站在用户视角，创作符合其需求和兴趣的内容。这一思维模式要求博主具备深刻的用户意识，并通过持续的刻意练习来加强。而数据思维则为博主提供了一种客观评估自身是否具备用户思维的方式。通常情况下，缺乏用户思维、仅满足个人兴趣的内容，其数据表现往往不尽如人意。拥有数据分析能力的博主，如同拥有“第三只眼”，能够洞察数据背后的深层信息，从而创作出更受用户青睐的内容，进一步提升账号的运营效果。

1.懂数据分析，实现精准优化

小红书为博主精心打造了以下3个方面的数据分析功能，旨在满足博主在运营和商业变现过程中的需求。

（1）笔记周报。

小红书官方每周将通过私信形式向博主发送笔记报告，该报告详细呈现了博主当周的数据概览，涵盖了阅读数、点赞数、收藏数、发布的笔记作品数量及其表现，以及简化的粉丝画像（性别、年龄、城市）。此外，周报还包含本周的热点话题，博主通过参与这些热门话题的创作，有机会获得官方的流量扶持。

（2）数据中心。

在小红书的“创作中心”后台，博主可以清晰地看到账号近7日的数据表现，包括新增粉丝数、主页访客数、观看数和互动数。通过点击这些指标，博主可以进一步跳转到数据中心详情页，获取更为详尽的账号概览、笔记分析、粉丝数据等信息。

账号概览详细记录了账号近7日和近30日的观看、互动和转化数据，以及近7日的账号诊断（包括观看、互动、涨粉和发文活跃度）。观众来源分析则揭示了近7日和近30日的主要流量渠道，包括首页推荐、关注页面（粉丝）、搜索、个人主页和其他来源。

笔记分析功能展示了博主近半年所发布笔记的数据，博主可以按观看量排序，迅速掌握观看量较高的爆款内容。同时，粉丝数据部分详细记录了近7日和近30日的新增粉丝数、流失粉丝数以及忠实互动粉丝情况。近30日新增粉丝来源主要包括发现页笔记（首页推荐笔记）、搜索笔记、搜索账号和其他来源。此外，粉丝画像为博主提供了性别、年龄、城市、观众兴趣分布等关键信息，有助于博主更精准地把握用户需求，创作符合用户喜好的内容。对于专注于商业变现的博主而言，粉丝画像更是其判断笔记内容是否吸引潜在目标用户的重要依据。若目标用户与粉丝画像存在偏差，博主可通过内容调整进行优化。

（3）单篇笔记分析。

博主在升级为专业号后，可解锁数据洞察权益。在小红书主页任意打开一篇笔记，点击右上角的“…”选择“数据分析”，即可查看该笔记发布后7日的完整数据分析（笔记诊断）。该分析详细呈现了笔记的点击率、完播率、互动、涨粉等数据，并与同类作者进行比较，为博主提供了全面的数据支持。

2.笔记发布后提升数据的运营技巧

在笔记发布后，为提升数据表现，运营策略显得尤为重要。以下是几点建议。

（1）加强冷启动阶段的热度提升。

笔记发布初期，平台会基于博主的历史数据表现和内容质量进行评估，进而决定后续的推荐策略。为了提升冷启动阶段的热度，博主可积极将笔记分享至社群或朋友圈，引导用户完整观看、点赞、收藏并参与评论互动。特别需要注意的是，视频笔记应确保用户完整观看，若用户未观看即进行点赞、收藏或评论，可能会对笔记的推荐产生负面影响。

此外，博主应高度重视评论和收藏这两项互动指标，其权重相较于点赞更高。因此，博主需对笔记下方的留言和评论进行及时回复，同时激发用户参与更多互动。小红书官方曾推出的宠粉活动，以流量奖励博主积极回复粉丝留言和弹幕互动，这充分体现了平台对评论互动的重视。博主通过及时回复和积极引导，可有效提升笔记的热度和流量推荐。

（2）基于数据分析进行针对性优化。

博主应密切关注每篇笔记发布后的数据表现，通过数据分析找出问题所在。在小红书平台，博主可点击笔记右上角的“…”选择“数据分析”进入“笔记诊断”，查看点击率、完播率、互动和涨粉数量等关键指标。根据数据分析结果，博主可针对性地进行优化。例如，点击率低可能意味着封面标题不够吸引人，完播率低可能说明内容质量有待提升，互动少可能缺乏有效引导，涨粉少则可能意味着博主缺乏让用户关注的理由。此外，数据分析还能揭示观众跳出点，帮助博主更精准地优化内容。

（3）适时调整封面、标题和正文。

若笔记发布后一天左右，阅读量和点赞收藏量均表现不佳，且“小眼睛”数量增长缓慢，博主可考虑对封面、标题和正文进行适当修改。若已开通专业号功能，博主可在发布笔记后第二天下午3点以后查看数据分析结果，若各项关键指标均远低于同类作者，则应立即着手调整封面、标题和正文。对于视频笔记，只能修改标题和正文以吸引用户点击。通过精心调整，博主有望让笔记重新焕发生机。

第六章

小红书粉丝：快速增粉的技巧与策略

6.1 小红书的涨粉机制

为了有效运营小红书账号，除了确立明确的人设定位、完善账号设置以及产出高质量内容外，实施精细化的运营策略也至关重要。本章我们围绕快速吸引粉丝的策略详细阐述如何通过精细化的运营手段来增加小红书的粉丝量。

1.理解涨粉的底层逻辑

（1）内容。在小红书平台中，为了实现账号粉丝数量的快速增长，普遍认为创造爆款内容是有效途径之一。理论上，爆款内容的产生往往伴随着粉丝数量的增加。然而，在实际操作中，我们需明确，并非所有爆款都能确保粉丝数量的显著增长。只有当爆款内容达到一定的质量标准，其转粉率较高，即观众转化为粉丝的比例较高时，才能真正实现粉丝数量的有效增长。因此，我们需专注于打造和发布优质爆款内容，以实现账号粉丝数量的稳步增长。

（2）用户互动。积极的用户互动可以增强用户黏性。例如，当用户在笔记下方留言后博主及时回复，这种互动能提升用户对账号的好感和信任度。

（3）利用热门话题。参与热门话题讨论可以增加曝光率。例如，在某个热门话题下发布相关笔记，可以吸引对该话题感兴趣的用户。

（4）精准定位。明确自己的目标用户群体，并针对这一群体提供他们感兴趣的内容。例如，一个针对健身爱好者的账号，发布的内容都与健身相关，因此吸引了大量健身爱好者关注。

（5）持续更新。定期发布内容可以维持账号的活跃度。例如，一个美食账号每天分享一道美食做法，持续的更新吸引了大量对美食感兴趣的用户。

（6）优化笔记形式。图文或视频等形式的选择要根据用户喜好和平台特点来定。例如，一个穿搭账号发现用户更喜欢视频形式，于是调整内容形式，视频笔记的点赞数和收藏数大幅提升。

（7）合作与推广。与其他博主或品牌合作，互相推广可以扩大影响力。例如，两个美妆博主合作进行产品试用，各自推广对方的账号，吸引了更多用户关注。

在探讨用户如何关注一个账号的过程中，我们需以客观且理性的视角进行分析。通常，当用户在首页浏览到一篇引人入胜的笔记时，若其内容质量得到认可，用户会进一步点击博主头像，进入其主页。在此，用户会首先审视博主的简介，随后浏览其他笔记内容。若用户认为该账号的博主在特定领域能够持续提供有价值的内容，他们便倾向于选择关注。反之，若该账号内容缺乏特色，价值不明确，或内容质量参差不齐，用户则可能不会选择关注。

因此，从上述逻辑出发，我们可以推断，若能够全面提升账号的整体观感和价值感，将有效促进粉丝数量的增长。

2.涨粉的几个误区

在小红书涨粉过程中，一些常见的误区一定要避免。

（1）盲目追求粉丝数量。有些博主过于关注粉丝数量的增加，而忽视了粉丝的质量和互动。例如，通过购买粉丝来迅速增加粉丝数量，但这样的粉丝通常不活跃，无法产生真正的互动和价值。

（2）忽视内容质量。有些博主过于追求发布频率，而忽视了内容的质量和原创性。发布低质量、重复或抄袭的内容，不仅无法吸引新粉丝，还可能导致现有粉丝流失。

（3）缺乏明确的定位。没有明确账号的定位和目标受众，导致内容杂乱无章，难以吸引特定群体的关注。

（4）不合作与推广。不与其他博主或品牌合作，错失扩大影响力和吸引新粉丝的机会。

这些误区可能会导致博主在小红书上的运营效果不佳，甚至影响粉丝的持续增长。因此，避免这些误区对于成功涨粉至关重要。

归根到底，我们必须首先明确涨粉的初衷、目标受众以及后续实现的战略目标，这些往往与商业价值紧密相关。涨粉本身并非目的，而是实现最终目标的一种途径和过程。一些人期望通过涨粉提升广告报价，一些人旨在将线上流量转化为私域变现的机遇，还有的人则是追求更大的社会影响力。总之，不同的战略目标对涨粉的需求具有差异性，这是我们必须审慎对待的。

6.2 小红书粉丝引导与留存

如何为小红书的粉丝做好正确引导，并将他们留下来？这几种方法值得我们去尝试。

1.使用账号信息引流

在平台运营过程中，众多博主倾向于在个人账号的简介或内容呈现中标注其联系方式，此举旨在有效地将平台内的流量与粉丝引导至其他平台，进而实现转化与变现的目标。当用户访问博主的主页时，能够直接查阅到博主的账号信息，因此，在账号信息中合规展示联系方式，对于实现有效的流量引导至关重要。为提升用户互动与转化效率，众多博主选择在主页中填写邮箱地址、微博昵称、淘宝店铺名称等联络信息，以便用户在浏览到感兴趣内容时，能够迅速与博主建立联系。

2.置顶笔记引流

部分博主选择将其特定的笔记设为置顶，这类笔记往往能够吸引大量用户的浏览。一般而言，被置顶的笔记会在页面左上方明确标注“置顶”字样，以便用户快速识别。当博主的私信数量过多，可能导致其账号功能受限时，发布置顶笔记就成为一种有效的引流方式。然而，值得注意的是，若置顶笔记中包含联系方式，可能会收到官方的通知，因为此类内容可能不符合推荐规范。尽管如此，置顶笔记在博主的个人主页上依然具有显著的位置，能够有效地将目标用户引导至其私域空间。

3.利用图片引流

在图文笔记的编辑过程中，我们可采取一种策略性的方式，即在图片中巧妙地融入店铺或品牌的名称。此种做法在穿搭笔记中尤为常见，旨在以较为隐晦的方式呈现相关信息，可能使得部分用户在初步浏览时未能察觉。为提升用户的体验和信息的透明度，我们建议在评论区中适当提醒用户注意这一细节。

4.利用私信引流

私信引流作为一种有效的推广手段，是指通过私信渠道将特定的引流信息传达给目标受众。在内容发布时，可在正文或评论区适当引导用户私信联系，以达成引流目的。在此过程中，必须注意避免使用过于醒目或引人注目的方式，以及杜绝敏感词、违禁词的使用，以免触发相关检测机制。

众多博主均选择私信作为引流方式，其优势在于风险相对较低，且私信交流的对象往往是对账号内容表现出浓厚兴趣的潜在用户。此外，私信交流具有一对一的私密性，能够确保引流信息被目标用户精准接收，从而提高引流效果。

5.利用核心关键词引流

很多人都在打造个人品牌，个人品牌就会涉及核心关键词，这些关键词更容易被记住，有极高的辨识度。

核心关键词的引流策略主要包括两种途径。首先，通过将核心关键词与不同平台进行有效关联，当用户在一个平台上关注后，其在使用其他平台时，也能根据这些核心关键词快速定位到你的信息。其次，通过持续强化品牌词的提及频率，以加深用户对品牌词的记忆与认知，进而实现向其他平台的流量引导。在此过程中，品牌词的加入需结合第三方平台的特点，以确保引流效果的最大化。

6.利用评论引流

在推广和营销策略中，评论区引流被视作一种直接且有效的手段。通过评论区，博主能够与用户建立直接交流，促进用户间的互动。具体而言，评论区引流分为两种情况：一是利用自身评论区进行引流，二是在其他博主评论区进行引流。现就这两种情况进行详细阐述。

（1）自己的评论区引流。这种方式就是博主在自己的评论区中，引导小红书的用户流量至其他平台。鉴于部分用户可能更倾向于浏览评论区而非直接访问博主主页，这种方式同样能吸引大量用户关注。一般而言，对博主笔记进行评论的用户，往往对笔记内容有浓厚兴趣，因此这些用户对于博主而言具有较高的忠诚度。

（2）其他人的评论区引流。很多人会选择在其他博主的笔记评论区进行引流。

在小红书平台，尽管有规定不允许直接留下联系方式，但仍有用户通过各种策略实现了间接的沟通联系。只要此类行为不涉及过度引流或违反平台规则，平台一般不会采取处罚措施。然而，若平台发出提示要求用户修改相关内容，用户必须立即执行。

对于经营店铺的商家而言，若希望将潜在顾客引导至自己的店铺，可以在发布的文章中巧妙地提及店铺名称，但应避免在名称前附加如“淘宝、京东、拼多多”等其他电商平台的标识。

另外，部分商家为了更加直观地标识店铺所属平台，会在店铺名称前添加一个桃子表情，以此暗示其为淘宝店铺。此类做法在符合平台规定且不构成误导的前提下，可视作一种有效的标识手段。

6.3 小红书私域运营策略与方法

什么是私域运营?

私域运营是指在社交媒体平台上，通过建立和管理自己的粉丝社群、进行个性化互动和内容定制等方式，与粉丝建立更深层次的联系，从而实现品牌或个人的长期价值和变现的过程。

私域运营的特点有这样几个。

（1）粉丝社群：通过建立微信群、QQ群、粉丝俱乐部等，将粉丝聚集在一起，进行互动和交流。不管哪个平台，都有建立粉丝群的功能。

（2）个性化互动：根据粉丝的需求和兴趣，进行个性化的互动和沟通，提高粉丝的满意度和忠诚度。

（3）定制化内容：根据粉丝的喜好和需求，定制化内容，提高内容的针对性和吸引力。

（4）用户反馈：收集和分析粉丝的反馈，不断优化内容和运营策略。

（5）长期价值：通过私域运营，可以实现粉丝的长期价值和变现。

私域运营与传统的公域运营（如搜索引擎优化、付费广告等）相比，更加注重粉丝的长期价值和忠诚度，而不是短期的流量和曝光。所以，当下人人都在做私域运营，很多品牌都在培养自己的私域。

在小红书上，我们到底该如何运营私域呢？其实核心还是离不开私域运营的这几个特点。

（1）建立粉丝社群。小红书博主可以创建微信群、QQ群等，将粉丝聚集在一起，定期分享内容、互动交流。例如，一个美妆博主可以创建一个美妆交流群，分享最新的美妆趋势和产品评测，同时回答粉丝的问题。

（2）定制化内容。内容定制化已经成为一种趋势，无论是博客、社交媒体还是视频平台，都在努力为粉丝提供更为精准和个性化的内容。例如，一个健身博主可以根据粉丝的健身水平和需求，定制健身计划和饮食建议。

他不仅仅满足于发布一些通用的健身技巧和饮食建议，而且会深入挖掘每一位粉丝的需求和痛点。

每天，他都会仔细浏览粉丝的评论和私信，记录下他们的困惑、目标和期待。通过这些数据，他能够分析出不同粉丝群体的特点和需求，然后为他们量身定制专属的健身方案。

对于那些初学者，他会推荐一些简单易懂的动作，搭配营养均衡的食谱，帮助他们建立起良好的健身习惯。而对于那些已经有一定基础的粉丝，他会设计更具挑战性的训练计划，激发他们的潜力，让他们看到更多的进步。

除了健身计划和饮食建议，这位博主还会根据粉丝的反馈，不断调整自己的内容形式。有时，他会录制一些详细的动作示范视频，让粉丝能够更直观地了解每一个动作的要领。有时，他还会分享一些健身心得和励志故事，鼓励粉丝坚持下去。

通过这样的定制化内容，这位健身博主不仅赢得了大量粉丝的喜爱和信任，还成功地将自己的影响力扩大到了更广泛的领域。

（3）互动活动。定期举办互动活动，如问答、抽奖、投票等，提高粉丝的参与度和活跃度。比如，一个美食博主可以举办美食制作大赛，鼓励粉丝分享自己的美食作品。

（4）个性化服务。提供个性化服务，如一对一咨询、定制化购物推荐等，增强粉丝的忠诚度和信任度。例如，一个时尚博主可以为粉丝提供服装搭配建议，甚至根据粉丝的需求定制服装搭配方案。

（5）内容合作。与其他博主或品牌合作，共同创作内容，扩大影响力和吸引新粉丝。例如，两个美妆博主可以合作进行产品试用和评测，各自推广对方的账号，吸引更多粉丝关注，这就是一个相互换取粉丝的过程。

（6）私信互动：利用私信功能与粉丝进行一对一的互动，建立更深层次的联系。例如，一个健身博主可以在私信中回答粉丝的健身问题，提供个性化的建议和指导。

（7）用户反馈：收集和分析粉丝的反馈，不断优化内容和运营策略。例如，一个旅游博主可以通过粉丝的反馈了解他们最感兴趣的旅游目的地和活动，从而调整内容方向和活动安排。

通过这些策略和方法，博主可以在小红书上建立一个活跃、忠诚的粉丝群体，实现私域流量的有效运营。

第七章

小红书变现：多种变现方式的选择策略

7.1 广告变现如何做

广告变现是小红书最常见的变现方式。博主可以通过承接品牌广告来获得收入。广告变现又分为报备笔记合作和非报备笔记合作。报备笔记合作通过小红书官方的蒲公英平台进行，确保交易公开透明；非报备笔记合作则是博主私下与品牌方直接合作。

小红书博主可以承接各种广告合作，根据账号的粉丝数量和影响力，广告费用也会有所不同。粉丝数量较少的账号可以通过产品置换或低价广告的方式进行合作，而粉丝数量较多的账号则可以通过纯广告费用接广告，费用从几千元到几十万元不等。

小红书以其丰富多样的优质内容创作者，成为我国影响力显著的“种子选手”级别的种草平台。关于小红书的种草广告，它并非传统的硬性广告，而是一种以软性植入方式呈现的内容。用户在浏览小红书笔记时，会发现一些博主在分享中自然地推荐产品，或者在笔记中穿插产品推荐，这些便是所谓种草广告。它们以细腻的方式影响用户的购买决策，而非直接推销。

随着小红书博主粉丝量的增长和笔记影响力的提升，当笔记的阅读量、点赞数和收藏数达到较高水平时，品牌方往往会主动寻求与博主进行种草广告合作。经过双方协商达成一致后，博主将根据品牌方的要求发布种草笔记，并据此获得相应的广告费用。

1.报备笔记合作

报备笔记合作的核心依托，即小红书官方推出的蒲公英平台，该平台为品牌方与商家提供了一个高效、规范的合作渠道。通过该平台，品牌方或商家能够精准筛选并联系到符合条件的博主，进行包括品牌合作、电商带货以及新品试用等多维度的商业合作。整个交易流程均在蒲公英平台上进行，确保交易过程公开透明，从而为博主和品牌方双方提供坚实的合作保障。

我们在小红书App的主页面，点击右下角“我”选项，进入个人主页。在个人主页的左上角有三条横线，点击后会出现多个选项，点击“创作中心”，会看到作者服务的栏目，在这个栏目的右侧有个“全部服务”，点击就会进入如图7–1所示的页面。我们能够看到，在最下面“收益变现”的栏目，里面呈现的4种方式，就是我们主要的变现方式。

图 7-1　全部服务页面

在图7-1的收益变现中，点击“博主合作”，就可以看到如图7-2所示的页面。我们能够看到，申请蒲公英内容合作是有一定条件的，除了实名认证等条件，粉丝量达到1000个以上才能开通。

图 7-2 开通博主合作

我们已正式入驻小红书蒲公英平台，以官方认可的方式实现合规变现。

通过小红书蒲公英平台报备的笔记，其内容将经过平台严格审核后发布，博主无须担忧被误判为营销广告或违规内容。同时，平台交易机制能确保品牌方的广告结算安全可靠。

对于品牌方而言，投放报备合作笔记后，可在后台直接查看数据效果，从而评估整体投放质量。对于曝光量大、转化率高的优质笔记，品牌方还可选择购买官方流量助推服务，持续加热有价值的商业内容，以实现更大的经济效益。

不过，小红书蒲公英平台对于完成的品牌推广，将对品牌方和博主双方收取订单金额的10％作为服务费用。平台对发布广告，还有其他限制。

比如，平台规定报备广告笔记不能超过当月笔记总数的20%。例如，如果当月发布的笔记总数是20篇，那么报备广告笔记最多为4篇。

比如，博主在发布前务必向品牌方确认内容信息准确无误，以免因信息错误导致的合作纠纷。

比如，发布时需将笔记与品牌方的报备信息进行关联，作为报备广告笔记的认定标识。要知道，在发布后是无法修改或添加报备信息的。

2.非报备笔记

除了报备笔记，还有一些博主与品牌方私下达成合作的营销笔记，就是非报备笔记。在小红书平台上，众多品牌倾向于借助KOL或KOC进行品牌营销推广，这一策略需要广泛的中小博主群体进行内容铺设。因此，品牌方和渠道方会在平台上积极寻找合适的中小博主或普通博主进行合作。这些博主在其主页简介中提供邮箱，以便在内容质量上乘、数据表现优秀时，能够接收到来自品牌方的合作邀请。

只要博主能够创作出优质的笔记内容，并经常产生爆款，即便粉丝基数不大，也会吸引品牌方的合作意向。与报备笔记合作相比，非报备笔记具有更大的灵活性，但同时也存在一定的风险和不确定性。

（1）合作形式：非报备笔记合作主要分为三种形式：实物置

换、广告费形式和实物产品加广告费形式。实物置换是指品牌方提供产品给博主，博主进行推广而不收取广告费；广告费形式是博主根据品牌方的要求发布合作笔记，获得相应的广告费；实物产品加广告费形式则是博主既能获得免费的产品，又能获得一定的广告费。

（2）合作对象：非报备笔记合作更适合粉丝数量较少的博主。因为粉丝量较少的博主成本较低，而品牌方可以通过与这些博主合作，以较低的成本获得一定的曝光量。

（3）内容选择：博主在选择非报备笔记合作时，需要提前了解所推广产品的安全性、品牌口碑等，避免推广质量不佳或存在负面新闻的产品，以免损害自身形象。

（4）合作洽谈：博主在确定合作后，可以要求品牌方先预付定金，以避免合作过程中出现逃单等问题。

（5）合作灵活性：非报备笔记合作形式比较灵活，品牌方可以根据博主的影响力、粉丝量等因素，选择合适的合作方式。

（6）风险与挑战：非报备笔记合作缺乏官方平台的监管，存在一定的风险。品牌方和博主需要自行协商合作细节，可能存在信息不对称、合作纠纷等问题。

总之，非报备笔记合作是小红书上一种灵活但有一定风险的广告合作方式，适合粉丝量较少或希望获得更多灵活性的博主。在选择非报备笔记合作时，博主需要谨慎选择合作品牌和产品，以确保能维护自身形象和粉丝利益。

7.2 带货变现如何做

小红书的带货变现方式是指博主们通过在小红书这个平台上分享商品信息，以此获得收益的一种新型营销模式。这种模式为广大博主提供了一种便捷的变现途径，同时也为粉丝提供了更多购买商品的选择。

1.小清单带货

小清单是小红书平台为博主提供的一种场景化种草分享清单，它可以帮助博主更好地展示商品。博主可以在小清单中添加自己精心挑选的商品，并为每个商品编辑详细的推荐文案，让粉丝更好地了解商品。当粉丝通过博主的小清单购买商品后，博主会获得相应的商品分销佣金，从而实现变现。小清单支持个性化定制，其中的商品全部来自小红书商城，保证了商品的质量和正品性。博主还可以在笔记中引导粉丝搜索自己的小清单，方便他们购买同款商品。

如何开通小清单呢？因为很多人没有达到条件，或者对操作不熟悉，以下我们介绍一下基本的步骤。

第一步，小清单带货，重要的是要在创作中心→作者服务→收益变现中，开通买手合作。如图7–3所示。

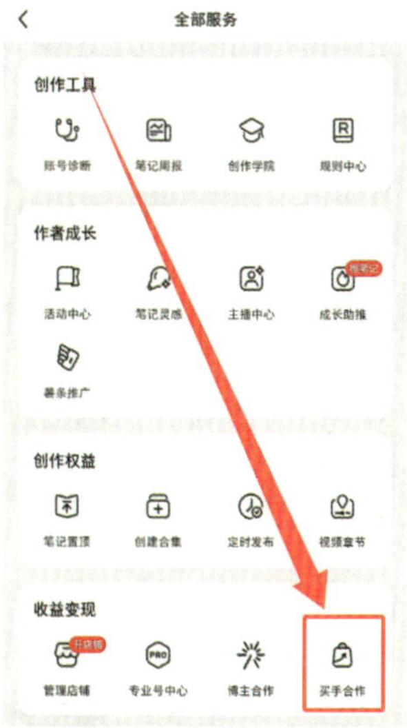

图 7-3　开通买手合作

第二步，点击“买手合作”，就会看到这个界面，如图7–4所示。这个界面是开通买手的条件，我们可以看到，除了实名认证，还要满足粉丝数大于或等于1000。当你的账号粉丝满足条件后，就可以立即加入了。

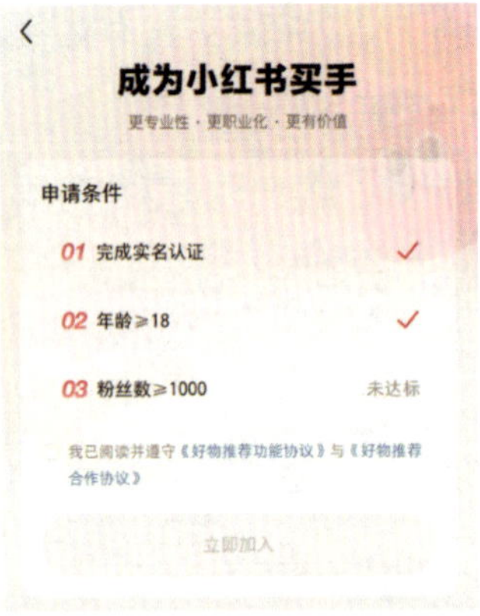

图 7-4　成为小红书买手的条件

第三步，成功申请买手合作后，我们就可以看到小清单的选项，如图7-5所示。点击小清单，就可以选品带货了。

图 7-5　小清单

小清单的选品带货，要根据自己擅长的领域去选品，要选择那些较好的店铺。当然，佣金也要合适，太低的佣金对带货也不划算。

2.直播带货

小红书博主可采取直播方式，实时呈现并推广商品，从而以直观的方式向粉丝展示商品详情。

在直播过程中，博主可设置商品货架，并展示商品页面，使粉丝在享受直播内容的同时，具备直接购买商品的便捷性。

直播带货模式不仅支持博主推广自家店铺内的商品，同时也支持引入小红书选品中心的商品，这为博主提供了更为丰富的选择范围。

此外，博主还可参考小红书选品中心的“带货热榜”，挑选热门商品进行推广，以进一步提升带货效果。

小红书的直播带货的入口也很好找，打开小红书主页，点击“创作中心”，如图7–6所示。点击后进入作者服务→主播中心，如图7–7所示。

图 7-6　进入创作中心

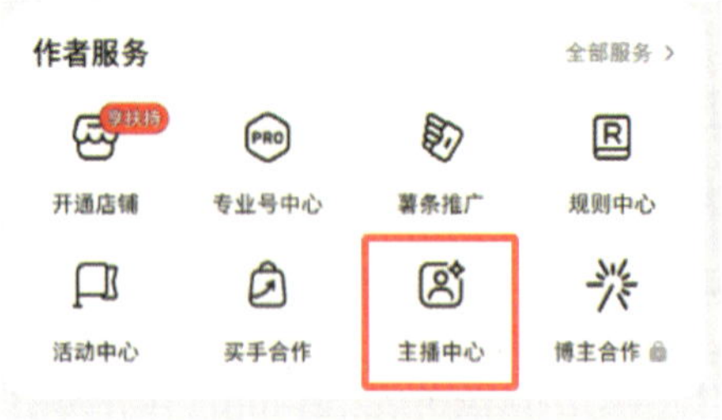

图 7-7　进入主播中心

进入“主播中心”后，我们就可以进行多种操作，比如直播预告、直播计划等，也可以在“买手合作”选品等，如图7-8所示。

图 7-8　主播中心

值得一提的是，我们在发布笔记的时候，在发布页面的左下角有个高级选项，点击后可以设置直播预告，或者直播预约。

3.关联带货

小红书平台现支持在发布的笔记中直接关联商品，此举旨在优化内容营销流程，提升带货转化效率。博主有权在笔记中嵌入其付费专栏或自营店铺内的商品链接，确保用户在浏览笔记内容时，能够直接点击并购买相关商品。此功能不仅为用户提供了便捷的购物体验，同时也有效增强了博主的带货能力，实现了内容与销售的紧密结合。

4.开通店铺

小红书平台现已开放博主自主开店功能，博主们能够直接在平台上销售个人的产品。这一店铺功能旨在为博主和商家打造一个高效、便捷的变现环境，以便博主们能够更加有效地管理和销售自己的产品。此外，博主还有能力在发布的笔记中关联店铺内的商品，从而构建从种草到拔草的全流程闭环，显著增强带货效果。具体内容见店铺变现。

7.3 店铺变现如何做

小红书店铺变现是指通过在小红书平台上开设店铺，直接销售产品来获得收入的一种方式。店铺既可以是企业店铺，也可以是个体店铺。

1.店铺开通

我们在小红书的主页，点击“创作中心”，就能在作者服务中看到“开通店铺”，如图7–9所示。

图 7-9　开通店铺

点击“开通店铺”，我们就能进入申请流程。具体的申请流程只要按照提示一步步操作即可，这里不再赘述。需要强调的是，有的人并不清楚自己应该开什么样的店铺，那就可以在开通店铺页面的右上角，找到“开店材料费用”，如图7–10所示，去查看。如图7–11所示，“开店必看”已经展示了个人身份开店时，店铺类型、商品类型、经营类目选择等。至于开个体工商户，还是企业公司主体开店，这个要根据自己的情况去选择。

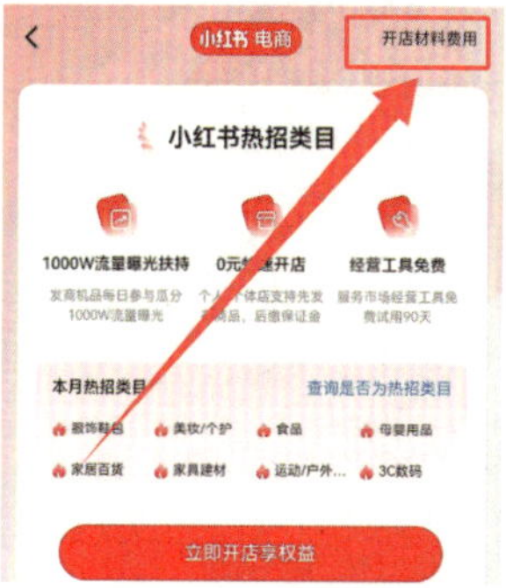

图 7–10　开店材料费用

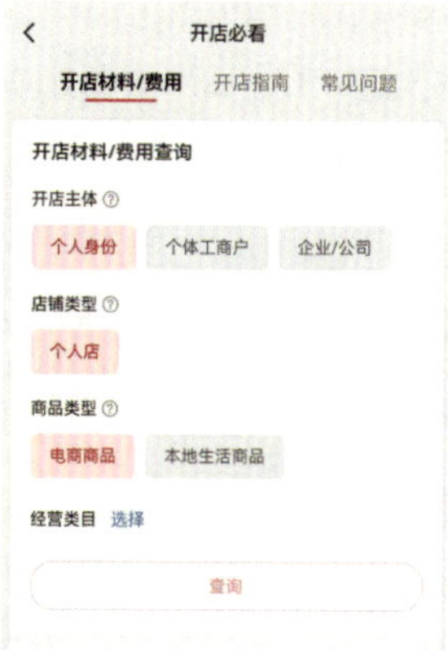

图 7–11　开店必看

特别注意的是，如图7-12所示，我们能看到以企业主体开店时，有多个选项，是开通普通店、专营店，还是旗舰店、专卖店，这个要根据自己的资质和需求去选择。我们还能看到，经过邀约的一些主体可以开通不同类型的旗舰店。

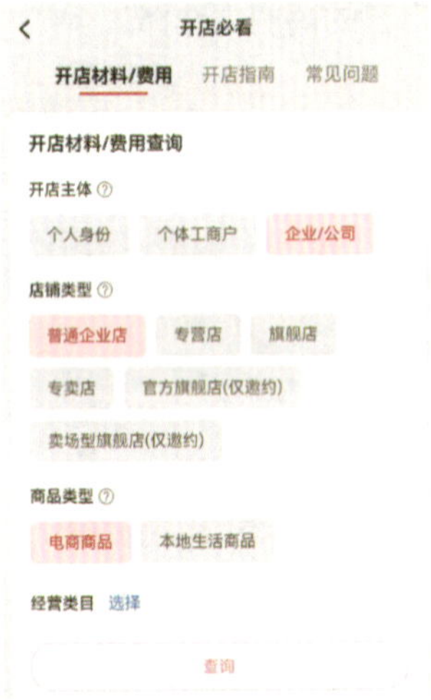

图 7-12　企业店类型

2.商品上架

店铺一经成功开通，商家即有权在店铺内上传并展示其自有的产品信息，以便顾客浏览和选购。此外，博主也可通过在发布的笔记中嵌入商品卡或进行直播销售的方式，将店铺商品与创作内容有机结合，进而提升销售效果。

3.营销推广

店铺为吸引用户购买，支持设置各类促销活动，包括但不限于限时折扣和满减优惠。此外，博主也可在其发布的笔记中，积极分享店铺的各类活动信息，以吸引其粉丝群体进入店铺并进行消费。

4.转化率提升

小红书的用户群体主要是年轻女性，对美妆、时尚等领域的商品有较高的兴趣，这有利于店铺的转化率。“店铺”页面可以直接展示在博主的主页上，方便粉丝直接访问和购买，如图7–13所示。

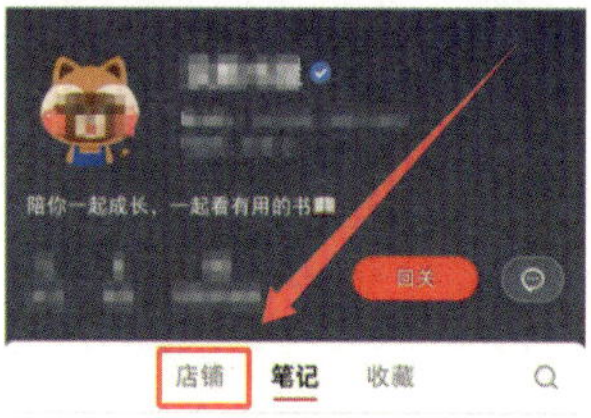

图 7-13　店铺在主页展示

5.店铺管理

小红书店铺提供了便捷的店铺管理功能，如订单管理、库存管理、物流管理等。店铺交易手续费为5%，每月10000元内免手续费，这也降低了运营成本。

6.粉丝互动

博主可以在店铺页面与粉丝互动，解答疑问，提高粉丝的购买意愿。通过优质的商品和服务，增强粉丝的忠诚度和复购率。

小红书店铺变现为博主和商家提供了一个直接面对用户的销售渠道，通过内容与销售的结合，可以有效提高转化率和销售额。同时，小红书平台的支持和用户群体的特性也为店铺变现提供了良好的环境。

7.4 私域变现如何做

在本书第六章，我们就讲了小红书私域运营的策略和方法。通过多样化的方式预留联系方式，可以让更多粉丝进入我们的私域池。目前，大多数人是将粉丝引流到微信，并在微信群统一运营。

大家都知道，其他平台对私域运营都非常敏感，都不愿意自己的用户被引流到其他平台。但如果我们有一定的私域运营能力，是可以把粉丝引流到自己的社区内运营的。除了第六章我们提到的一些策略外，这里再说一些具体的操作方法。

1.小红书账号简介引流

我们之前提到账号简介，要完整地介绍自己，那在介绍自己的时候，我们就可以巧妙地加入自己的联系方式。有人会在简介里加自己的邮箱，不过邮箱联系起来不太方便。所以有人就会通过图片、变化的符号等来提示微信号。

这种方式也有风险，我们为了不让自己的主号被限制、封号等，就可以在主号上提示咨询请联系小号等话术，小号上可以去私信或设置联系方式。

2.私信引流

私信中也不能直接发联系方式，而是要通过其他方式。比如设置关键词，回复粉丝说可以添加同名公众号获取相关资料等，这样就能直接将粉丝引流到公众号，进而添加微信。有的博主则在回复私信时发一些图片，在图片中巧妙地设计微信号，系统也检测不到，这样就能引流。

其他的如置顶笔记引流、评论区引流等，我们都在前面讲过，这里不再赘述。

将粉丝导入微信私域后，如何变现，这取决于不同博主擅长的方式。有的博主在私域卖货，有的博主在私域卖课，有的博主在私域提供一对一服务等，不一而足。只要将粉丝导入自己的私域，这就有了自己的专属用户“池塘”，就可以通过精细化的运营来增加复购，扩大私域。

当然，也有人在私域里面教授用户如何在小红书变现，这也是卖课程的一种，不管怎么运营，核心是要用心服务，不要欺骗粉丝，否则会带来无尽的麻烦。

第八章

小红书专业号：让偏爱粉成为你的私域

8.1 小红书专业号是商业活动入场券

在小红书平台上，有多种类型的账号，账号类型不同，我们在App上看到的功能就不一样。比如没有经过实名认证的账号，能看到的就是最基础的小红书功能。而经过实名认证，粉丝超过1000个的账号，很多功能就能开通。而经过进一步认证后的专业号，其功能更加丰富。所谓专业号，是指在小红书平台上，经过官方认证并具有更多运营功能的账号类型。

如图8–1所示，当认证了专业号之后，在小红书主页的左上角点击“三横”，在打开的页面中就出现了专业号的选项。

图 8-1　专业号选项

点击“专业号中心”选项，我们就能进入专业号中心页面，在常用功能的栏目中，如图8-2所示。我们就能看到更多的功能，这些功能是非专业号看不到的。

图 8-2 专业号功能

小红书的专业号在博主和品牌运营中扮演着至关重要的角色，其重要性主要体现在以下几个方面。

首先，专业号经过小红书官方的严格审核与认证，这一官方身份的认证作用显著，不仅有效提升了用户对账号的信赖度，同时也显著增强了品牌的形象和知名度。这种认证相当于给品牌和博主颁发了一张“身份证”，让他们的身份得到了官方的认可，增加了用户的信任感。

其次，专业号享有丰富的运营工具和数据分析功能，如粉丝画像、商业数据分析等，这些功能为博主和品牌提供了深入了解用户和市场的窗口，有助于制定出更加精准有效的运营策略。这些工具和功能就像一把钥匙，帮助博主和品牌打开了深入了解用户和市场的大门，使他们能够更好地把握用户需求和市场动态。

再次，专业号在内容发布上享有更高的自由度，不受内容发布数量的限制，使得博主和品牌能够发布更多的笔记和视频，从而大幅增加品牌的曝光机会。这种自由度就像一张空白纸，让博主和品牌可以尽情地发挥创意，展示他们的才华和品牌魅力。

此外，拥有专业号的博主和品牌更容易获得小红书官方的青睐，得到更多的合作机会，如参与官方活动、获得官方流量支持等，这些合作将进一步增强品牌的影响力。

同时，专业号还具备开通广告功能的权限，如小清单带货、直播带货等，为博主和品牌提供了更多样化的变现途径。这种广告功能就像提供了一条赚钱的途径，让博主和品牌可以通过广告赚取收入，实现商业变现。

值得一提的是，专业号需严格遵循小红书社区规范，其内容质量和合规性普遍较高，有助于维护小红书社区的健康环境。这种规范就像制定了一条规定，让博主和品牌在运营过程中有明确的准则遵循，保证了内容质量和社区的健康。

最后，专业号享有更多的账号权益，如开通店铺、专栏等，这些权益为博主和品牌提供了更为全面的运营支持。这种权益就像提供了一把保护伞，让博主和品牌在运营过程中享受到更多的特权和便利。

所以，小红书的专业号对于博主和品牌而言，是提升品牌形象、增加曝光和实现商业变现的重要工具。它为博主和品牌提供了一系列的优势和资源，使他们能够在小红书这个平台上更好地展示自己，实现自己的目标和梦想。

8.2 小红书专业号如何申请注册认证

小红书的专业号类型有几种，我们分别看下如何申请。

第一步，在小红书的主页，选择“我”的页面，在页面左上角点击“三横”，就会看到如图8-3所示的页面。

图 8-3 进入创作中心

第二步，在创作中心的作者服务栏目中找到“开通专业号”选项，如图8-4所示。

图 8-4 “开通专业号”选项

第三步，点击进入专业号申请，比较重要的就是选择专业号类型，如图8-5所示，有三种选择。这三种选择要根据自己擅长的类型和实际的需求去选择。

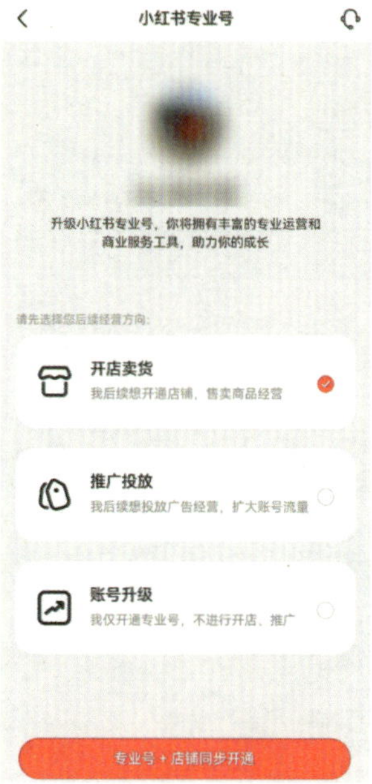

图 8-5　专业号页面

第四步，如果是选择开店卖货，那就选择开店卖货的选项，接着点击页面最下面的“专业号+店铺同步开通”，可以看到如图8-6所示的页面。我们是选择个人店还是个体工商户、普通企业店、专卖店、旗舰店，要根据具体的需求来选择，这一步在之前的内容就介绍过，不再赘述。

图 8-6　专业号 + 店铺申请

如果我们选择的是图8–5中的“推广投放”选项，那进入后的页面如图8–7所示。这个类型的专业号，最多可以认证2个专业号，不过需要支付认证费用。

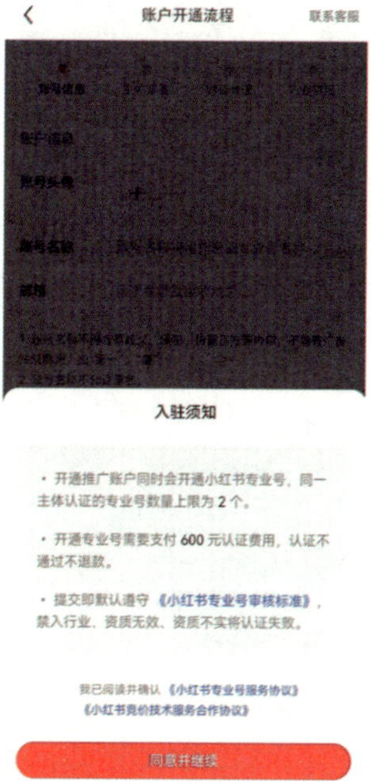

图 8-7　推广投放账户申请

如果我们选择的是图8-5中的“账号升级”，那就是仅开通专业号，不进行推广、开店，我们会看到如图8-8所示的页面。这类专业号是很多博主愿意去申请的账号，它方便了我们与品牌的合作，也方便我们分销商品，从而带货变现。

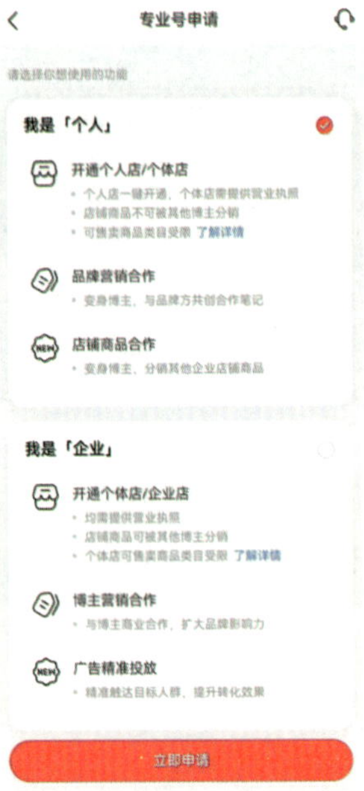

图 8-8 专业号账号升级界面

专业号申请成功后，企业店名称后面会有蓝色对号的特殊标识，能增强辨识度和用户对我们的信任感。

8.3 如何提高专业号申请通过率

申请专业号认证并非必然成功，众多博主也曾面临申请遭拒的困境。更为关键的是，即便申请失败，平台也不会退还600元的认证费用。因此，在正式提交申请之前，我们需进行充分的准备工作。为提高申请通过率，以下措施尤为重要。

（1）确保所属行业不在小红书社区的禁止范围内。若确属禁入或边缘行业，但又有企业专业号的需求，建议采用间接策略，如选择其他合法身份进行认证。例如，房地产企业可根据需求与资源，选择其他相关服务领域进行认证。

（2）提交资料时，务必确保信息的真实性与准确性。资质身份的选择应依据企业行业与经营范围，并参照小红书平台《专业号身份类目》进行。营业执照、商标授权书等文件需处于有效期内，且提交的图片或扫描件需清晰展示基本信息。若涉及签字盖章，应遵循平台规定。此外，若开设店铺，其地址须与营业执照上的地址一致，以确保线上线下信息的统一。

（3）账号名称的选择应与企业营业执照上的主体名称相符，或与企业名下的商标、网站、软件应用等相关联。自定义名称时，应避免侵权、违规及违背公序良俗的行为。具体要求可参照《小红书专业号审核规则》中的条款。同时，账号头像也须与企业信息相关，若涉及品牌注册的商标，应补充商标相关内容。请注意，专业号的账号名称一旦确定，修改需重新进行认证并支付费用，因此请谨慎填写。

（4）若申请被驳回，应仔细阅读官方给出的驳回理由，并根据要求进行相应的修改与补充后重新提交。驳回原因多为图片不清晰或资料不齐全，问题通常不大。除首次申请外，后续补充资料的机会仅有三次，若对驳回理由不明或修改方向不确定，建议直接联系审核客服进行咨询。特别是连续两次被驳回的情况，务必及时与客服沟通，避免浪费机会。

专业号认证已成为企业运营小红书的必经之路。通过认证，企业可获得更多高质量流量及政策支持，对长期运营有着积极影响。然而，鉴于平台规则的变动性，我们无法保证实际操作中不出现问题，只能根据平台反馈及时调整。因此，在申请前做好充分准备至关重要。

8.4 小红书品牌专业号运营策略

在小红书平台上，品牌若想获取流量，必须恪守其运营规则，这是确保品牌活动得以顺利进行的基础。其中，部分规则为平台明文规定，公开透明，品牌普遍能够遵循；然而，也存在部分“潜规则”，需品牌自行深入探索，以全面适应平台的生态和运营环境。在遵循所有规则的前提下，品牌方可确保在小红书平台上取得稳健的流量增长。

我们虽然在前面已经讲过要进行小红书定位，如何进行小红书定位，但在这里，在讲运营策略之前，我还是要特别强调下小红书专业号的定位。

对于品牌的潜在用户而言，专业号的主页简介是首次接触时的重要吸引点。运营专业号的首要任务是完善专业号的基础设置，包括头像、昵称及简介，需直接且清晰地传达企业的业务范围与核心定位。

接下来，需明确运营专业号的目标。是单纯为了建立品牌与消费者之间的联系，还是期望通过此平台为品牌引流并促进转化？若目标为后者，则需更加专注于内容运营，以实现品牌效应与实际效益的双重提升。

我们为什么要给予品牌专业号做精准定位身份，因为运营身份的选择直接关联到品牌调性的展现与价值传递。若仅从品牌角度出发，进行产品宣传式的运营，如同复制淘宝详情页或企业官网，则发布的内容在小红书平台上很可能被视为单纯的产品广告，难以吸引用户关注。

小红书作为一个影响用户购买决策的平台，用户更倾向于浏览对其有价值、能产生共鸣的内容。因此，品牌专业号的定位应避免仅从品牌视角出发，而应深入了解用户心理，思考并创作对用户真正有益的内容。以护肤类品牌为例，若主打抗老精华，则应思考用户在搜索“抗老”相关关键词时，期望获取的信息类型，并巧妙地将产品信息融入其中。

在内容运营过程中，应始终围绕“人场货”的核心逻辑展开。针对有抗老需求的用户，深入挖掘其痛点或抗老过程中的误区，以此为切入点植入产品信息。同时，要注意内容的软性植入，避免生硬推销，因为根据经验，小红书用户更偏爱自然流畅的软文。这也是打造优秀小红书品牌专业号的基础与关键。

1.内容规划与发布

品牌账号，要有系统性和可持续性，所以在运营过程中，要设置相关的规划和目标。

（1）小红书品牌的运营人员需要设定一个清晰且明确的阶段性目标，其中包括月度、季度以及年度的具体目标。这些目标需要精准地量化，包括粉丝增长的数量、变现金额的数额以及产生爆款内容的数量等。所有的运营决策和策略都应该以数据为导向，以此来推动账号的持续发展。

比如月度目标，运营人员需要详细规划每一步的操作，确保每个月都能实现一定的粉丝增长和变现金额。同时，还需要设定每月的爆款内容产出目标，以此来提升账号的影响力和吸引力。

（2）对账号的选题和内容进行细致规划，建议以周或月为周期，提前策划并撰写文案。内容应紧密围绕账号定位及人设，确保持续为用户提供有价值、有深度的内容。

（3）笔记创作的一些限制。小红书平台对图文笔记的发布内容、格式规范及数量设定了明确的限制条件。具体而言，标题长度被严格限定在20字以内，正文内容的字数则不得超过1000字，以确保信息的精练与高效传递。此外，小红书坚决抵制并禁止任何低俗、暴力、色情以及旨在第三方引流的违规或低质量内容发布，旨在维护平台内容的健康与正面导向。对于视频笔记而言，除须遵循图文笔记的既有规则外，还增设了对视频文件大小、格式兼容性以及内容质量的具体要求。具体而言，对于尚未开通视频号功能的专业号用户，其上传的视频素材时长被限制在5分钟以内；而对于已成功开通视频号功能的专业号用户，虽然时长限制有所放宽，但视频素材仍不得超过15分钟，以确保用户体验的流畅性与内容的深度展现。

（4）如何给笔记添加专属水印？为确保品牌标识的强化及预防笔记内容的盗用与滥用，建议在发布前对图片与视频采取水印添加措施。小红书平台提供了专属水印功能，具体操作流程如下：首先，选定需添加水印的图片或视频；随后，点击界面底部的“贴纸”选项，如图8-9所示；接着，从提供的选项中挑选心仪的水印类型；点击选中水印后，可进一步调整其样式，如图8-10所示；通过长按并拖动，可自由调整水印在图片或视频中的位置；待设置完毕后，即可进行后续发布流程。需特别提醒的是，为避免影响内容的清晰度与观赏性，通常不建议添加满屏或尺寸过大的水印。

图 8-9　贴纸选项

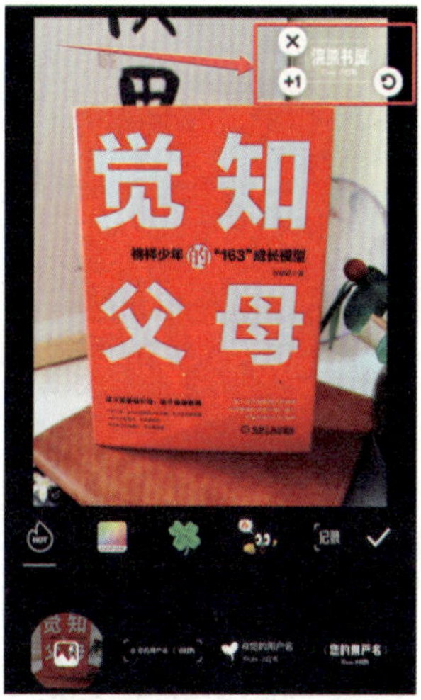

图 8-10　贴纸可以调整

（5）如何在笔记中添加商品？若我们的小红书专业号已成功开设店铺，则在发布笔记的过程中，允许我们向笔记内嵌入商品。但需注意，仅能嵌入已在本店铺内上架并发布的商品，不得插入其他平台商品的链接。此操作过程简便快捷，仅需在完成笔记编辑后，在页面的下方，找到添加商品的选项，就可以添加商品了，如图8-11所示。值得一提的是，在页面的左下角，有一个“高级选项”，点击“高级选项”进入相关界面，可以做相关设置，如图8-12所示，如是否允许合拍，添加直播预告、定时发布等。我们可以根据需求进行设置。

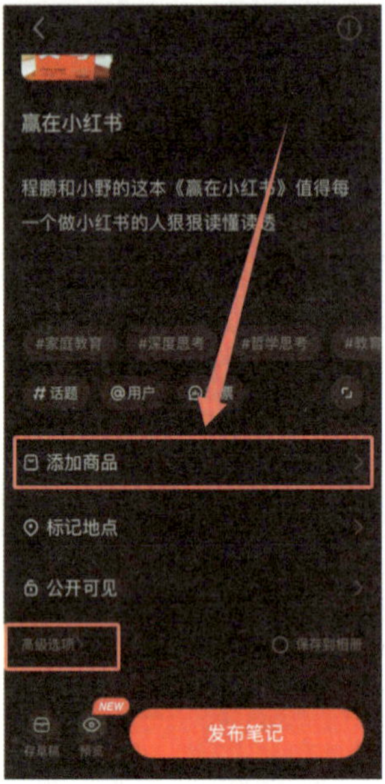

图 8-11　添加商品选项

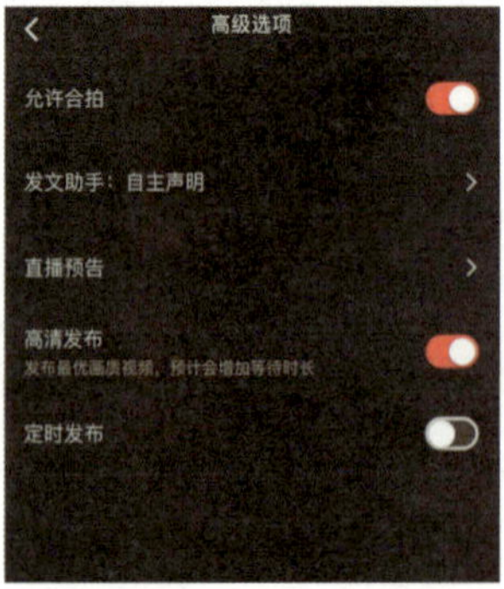

图 8-12　高级选项

（6）笔记发布后搜索不到怎么办？当遇到笔记发布后他人无法查看及搜索的情况时，应当采取以下步骤进行排查与处理。首先，需考虑两种可能性：一是笔记可能因包含敏感内容而导致审核时间延长；二是笔记可能因涉嫌违规而被平台采取限流措施。针对此种情况，建议用户等待一段时间后重新搜索该笔记。

若等待一段时间后，笔记仍无法被搜索到，或用户账号收到了关于笔记违规的通知，则需立即采取相应措施。首先，应仔细检查笔记内容，以确认是否违规。若问题较为轻微，可修改后重新发布；若笔记中存在大量风险内容，则建议直接删除该笔记。

此外，若用户在反复核对后确认笔记中无任何违规内容，则有可能是系统误判所致。在此情况下，用户可直接向平台提交申诉，以便平台尽快核实并恢复笔记的正常显示与搜索功能。

2.专业号笔记的发布频率

在明确专业号笔记的最优发布时间后，品牌还需细致规划笔记发布的最佳频率，如每日一篇、每日三篇或每三日一篇等，均需精心考量，以确保达到最佳传播效果。

一般而言，品牌专业号应当力求日更，即每日均有新笔记呈现给用户；若资源有限，也应至少维持两天到三天的更新频率，以免专业号热度减退。用户若对品牌笔记产生好感，自然会对后续内容充满期待。若品牌专业号长时间无新笔记发布，用户可能因此感到失望，进而丧失对品牌的兴趣。即便用户对品牌笔记持中立态度，品牌也应坚持发布，逐步培养用户的观看习惯，使之形成对品牌笔记的固定关注。

同时，虽提倡日更，但品牌应避免在同一天内发布过多笔记，建议每日发布篇数控制在1~3篇。过多发布可能导致用户感到信息过载，产生反感情绪。

对于数据不佳的笔记处理，专业号主页的数据美观度与高质量视觉呈现固然重要，对关注度有一定促进作用。对于此类笔记，品牌可根据实际情况考虑删除，但需注意，除非在短时间内连续删除大量笔记，否则单一或少量笔记的删除不会对账号造成显著影响。此外，除直接删除外，品牌还可选择将表现不佳的笔记设置为仅个人可见。

针对违规笔记，品牌应首先尝试申诉。若首次申诉未通过，可考虑修改笔记内容。若经两次修改后仍提示违规，则建议品牌采取删除或隐藏措施。

3.专业号笔记的发布时间

关于专业号笔记的最佳发布时间，建议参考小红书平台内的流量高峰时段。具体而言，在工作日，流量高峰主要集中在早晨7点至8点、中午12点至14点以及18点至23点。而在节假日和周末，平台内的流量则普遍较高，几乎全天候均处于高峰状态。

鉴于不同品牌所提供的价值、目标用户群体以及账号定位均存在差异，各品牌的目标用户活跃时间也不尽相同。因此，若未能根据目标用户群体的活跃时间合理安排笔记发布，将可能错过最佳发布时机，导致品牌错失大量潜在流量。

以职场人士为目标用户群体的品牌为例，若其总是在上午10点或下午3点等职场人士工作繁忙的时段发布笔记，那么由于这些用户此时正忙于工作，无暇关注手机信息，笔记发布后很可能在较长一段时间内无法获得目标用户群体的有效反馈。相反，若该品牌能将笔记发布时间调整至中午休息时间或晚上6点以后等职场人士相对空闲的时段，那么笔记的曝光率和互动率或将显著提升。

因此，建议品牌方根据产品所针对的目标用户群体的普遍休息和放松时间，进行有针对性的发文测试。特别是在品牌运营初期，可通过在不同时间段多次发布笔记并监测相关数据，以找出最适合该品牌的目标用户群体活跃时间，从而优化笔记发布策略，提升品牌曝光度和用户互动率。

4.小红书的活动参与

在运用专业号执行营销与引流活动时，品牌应恪守若干潜在规范，以强化用户关系的维护。

比如，要审慎运用抽奖机制。首先，从平台策略视角出发，不建议品牌专业号过度依赖抽奖工具。因“薅羊毛”用户倾向关注并参与抽奖，利用群控技术参与，此类用户往往非品牌真实目标受众，难以贡献显著的用户价值。

其次，从账号运营层面考量，合理利用专业号内置的抽奖功能，有助于构建可观的粉丝基数，奖品驱动的流量增长显著。通过对比日常笔记流量，抽奖活动数据可辅助筛选出高意向用户。同时，抽奖也能有效提升访客转化率，促进潜在用户向粉丝的转变。

因此，建议品牌将抽奖、体验官等相关笔记设为专业号置顶内容，以诱人奖品吸引过路用户停留，并增强既有粉丝的活跃度。

比如，要杜绝虚假活动。为提升互动率，部分品牌专业号可能策划虚假活动，如将中奖名额限定于内部员工或提供不符承诺的奖品。此类行为虽在短期内或能吸引用户，但从长远来看，将损害品牌信誉。

比如，要诚实标注广告。小红书平台新规鼓励品牌公开透明地发布广告与推广内容。品牌应在文案中明确标注“广告”字样，以诚信态度面向用户，此举更易获得用户理解与接纳。

最重要的是，品牌应避免通过人工干预手段美化数据，如虚假点赞、收藏、评论等，此类行为为小红书平台所严令禁止。平台具备识别异常行为的能力，频繁异常操作将招致警告。品牌应坚持真实原则，以实际成果展现品牌实力。

5.数据分析与运营提升

运营好小红书，就要利用小红书平台提供的数据分析工具，包括但不限于笔记周报、数据中心及单篇笔记分析功能，品牌可实施精准的优化策略。依据数据分析结果，应采取针对性的优化措施，如调整封面设计、优化标题及正文内容，以提升笔记的整体效果。

在笔记发布后，为了进一步提升数据表现，可运用冷启动加热策略，通过社群或朋友圈等渠道引导用户进行互动。同时，仍需借助数据分析工具，对笔记进行有针对性的优化改进。具体优化手段包括修改封面、标题及正文等。

以美妆品牌“XYZ”在小红书平台运营的专业号为例，其运营策略概述如下。

内容规划与发布方面，应明确目标，如设定每月粉丝增长1000人的目标，每季度实现一次变现，每半年打造一篇爆款笔记。在选题与内容策划上，应紧密围绕美妆、护肤、彩妆等主题，发布诸如新品试用、美妆教程、护肤心得等相关内容。同时，保持每周至少三次的更新频率，以确保账号的活跃度。

在账号权益与开通条件方面，应积极开通专业号以获取更多运营工具和商业服务工具的支持。此外，开通视频号可获得官方流量扶持，而开通小清单则可实现内容带货变现的目标。

在数据分析与运营提升环节，应充分利用笔记周报和数据中心等工具，对粉丝画像、内容表现等数据进行深入分析。基于数据反馈，我们应不断调整优化内容策略，如调整选题方向、优化发布时间等。

最后，在发布后提升数据的运营技巧方面，继续利用冷启动加热策略，通过社群等渠道引导用户互动。同时，根据数据分析结果，对表现不佳的笔记进行针对性的优化改进。通过调整封面、标题及正文等方式，提升笔记的吸引力和整体表现。

通过这样的策略，品牌可以更有效地在小红书上运营专业号，吸引和维护粉丝，实现品牌营销目标。

6.注意事项

在小红书平台上运营品牌专业号时，务必审慎遵循一系列注意事项，以维护品牌形象。

（1）行业禁区不要涉足。特别针对医疗健康领域，品牌应避免涉足任何可能引发争议或违反平台规定的内容范畴。这包括但不限于非处方药（OTC药物），口腔医疗及医院服务，试管婴儿技术，胎儿性别鉴定服务，临床检验项目，血液及基因检测服务，各类整容整形操作（如半永久化妆、脱毛、文身、疤痕及烧伤修复、小颜整骨、隆鼻手术、水光针及瘦脸针注射等），以及未经证实的偏方，涉及减肥、壮阳、丰胸、增高、植发、祛痘、祛斑、私密护理的产品推广，以及中药材（特别是受管控成分如吗啡、番茄红素、鹿茸等）的销售宣传。此外，动物医疗健康及医药类产品（如痔疮药、湿疹药、鼻炎药、灰指甲药等）同样需严格规避。

（2）严守平台规则。品牌应深刻理解，违规笔记的累积将对专业号造成不可预测的负面影响，具体影响程度虽未明确量化，但小红书平台对违规行为持零容忍态度，且惩罚机制隐秘而严格。因此，品牌发布笔记前，务必精心策划，确保内容符合平台规范，避免以低质、无价值的内容试探平台底线，以免招致不必要的风险。

（3）原创，原创，还是原创！频繁转载他人内容不仅无法为品牌专业号带来持续的流量增长，反而可能因触发平台反作弊机制（如“搬运体验”“异常账号协作”等）而遭受处罚，如被标记为“流量轻度作弊”，进而失去官方流量支持。此外，转载行为还易导致账号标签混乱，影响内容定位与受众精准度。若遇优秀笔记，品牌可借鉴其形式与创意进行原创创作，以维护自身账号的独特性与专业性。

在运营小红书专业号的过程中，遭遇挑战是常态。然而，只要我们掌握并运用恰当的解决策略与技巧，便能有效应对各类难题。解决基础性问题仅是运营小红书专业号的初步阶段，若欲在小红书平台脱颖而出，还需深入探究用户需求、精确锁定目标受众、持续创新内容展现形式，并通过不懈的努力与细致的优化策略，逐步提升账号的行业影响力与用户黏性。

第九章

小红书矩阵：如何让流量倍增

9.1 小红书为什么要做矩阵号

什么是矩阵?

小红书矩阵是指在小红书平台上建立的一组相互关联的账号。这些账号之间互相推广和引流，以获得更广泛的曝光和更多的流量。

小红书为什么要做矩阵号?

是为了根据不同目标用户的需求，构建营销矩阵，对关注点不同的用户采取差异化的营销方式，以求最大限度地保证营销的精准性，帮助账号获得高曝光度、吸引更多粉丝、增加更多变现机会!

1.满足多元化需求

矩阵号的建设，首先，是为了满足用户日益多元化的需求。小红书的用户群体广泛，涵盖了各个年龄段、职业背景和兴趣爱好的用户。这些用户对内容的需求各不相同，有的追求时尚潮流，有的关注生活小妙招，有的热衷于旅行探索。矩阵号的建设，通过设立不同的内容领域和主题，能够为用户提供更加精准、个性化的内容推荐，满足用户不同层次的需求。

2.有助于提升品牌竞争力

通过矩阵号的建设，能够形成品牌独特的内容生态和社区文化，吸引更多的用户加入，提升用户黏性和活跃度。同时，矩阵号还能够为品牌提供更多的合作机会和营销手段，实现品牌与用户的精准连接，提升平台的商业价值。

比如，一个化妆品品牌在小红书上开设了多个账号，包括一个官方账号、多个产品体验账号和员工故事账号。通过这种方式，品牌不仅向用户展示了产品信息和官方活动，还通过员工故事账号展示了品牌文化和团队精神，从而扩大了品牌影响力。

3.有助于促进内容的创新和优化

矩阵号的建设还有助于促进内容的创新和优化。在矩阵号的框架下，各个内容领域和主题可以相互借鉴、融合，产生更多有趣、有价值的内容，如教程、评测、故事等，满足用户多样化的内容需求。

比如，某品牌在小红书上运营了多个账号，包括一个官方账号、多个风格搭配账号和产品评测账号。通过这些账号发布不同类型的内容，如时尚搭配教程、新品评测和员工使用体验，品牌能够提供多样化的内容，并保持高频率更新。

4.成本与风险增加

不过，矩阵号运营也存在一些问题，比如会增加运营成本，多个账号就需要增加人手。也有可能会增加风险，某个账号出问题，就有可能波及其他账号。

比如，一家食品品牌在小红书上运营了多个账号，但由于内容策略不统一，不同账号发布的内容风格和调性不一致。这给品牌形象管理带来了挑战，也影响了用户对该品牌的整体印象。

矩阵号运营在扩大品牌影响力、提高内容多样性和更新频率、增强用户参与度和互动方面的优势，同时也需要面对运营成本增加、复杂性提高、风险分散和品牌形象管理难度增加等劣势。因此，品牌在进行小红书矩阵号运营时，需要合理规划和管理，以确保运营效果最大化。

9.2 小红书专业号

品牌在小红书平台的账号矩阵中，官方身份下的专业号至关重要，专门用于撰写与企业紧密相关的内容。专业号主要承担发布企业官方通知、活动信息、新品发布等职责。此类型账号需通过认证流程，涵盖企业、拥有职业资格的权威个体（如医生、律师等）以及特定领域的个人兴趣博主（如美食、健身博主等）。

小红书推出专业号的初衷，在于深化品牌与用户之间的联系，促进品牌营销的效率和效果，进而为品牌带来商业价值增长。

1.专业号的权益

小红书专业号的具体权益如下。

（1）专属标识。申请了专业号认证的账号，都会有蓝V标识，这样可以加强用户认知和信任。在搜索结果中，也会优先推荐展示，提高账号的曝光度。

（2）丰富的后台运营功能。

①发布笔记数量无限制：专业号用户享有发布无限量笔记、评

测和问答等内容的权益。

②数据分析：专业号用户可获得详尽的数据分析报告，包括粉丝画像、流量来源、用户兴趣等。

③活动支持：小红书官方将为专业号提供活动支持和推广资源。

④推荐流量：专业号用户将享受小红书官方的推荐流量，提升品牌曝光度和用户基数。

（3）营销工具解锁。

①商业推广方面，可以进行薯条推广、品牌合作等。

②可以开店铺售卖商品经营。

专业号在小红书平台上的作用不可或缺，能够客观、可靠地向粉丝或用户传达品牌信息。专业号展示的所有内容，其核心目的在于塑造和维护品牌的官方形象。

2.专业号的内容建设

专业号的内容不一定是严肃死板的，也可以是亲切有趣的。比如许多品牌开始寻求更加亲近、可爱，甚至拟人化的表达方式，以官方的视角进行内容创作，目的是缩短与用户之间的距离，提高品牌的曝光率。然而，不管内容的表现形式如何变化，专业号在小红书平台上的根本职责仍然是服从于品牌官方的目标，并保证所有的言行举止都符合品牌的官方形象。因此，专业号发布的所有内容及其互动行为都需要严格把关，保持正确和严谨，以确保与品牌官方形象保持一致。

专业号常见的笔记类型有以下几种。

（1）产品科普。从品牌视角出发，为用户提供专业知识的科普与选购指南，确保用户在面对不同品类时能够做出明智的决策，消除选择迷茫。

（2）品牌抽奖。为了增强用户互动与品牌认知，我们可以定期设置抽奖活动。在相关宣传内容中，明确标示活动奖品、时间、参与方式等关键信息，以确保用户能够轻松参与。

（3）行业干货。为了深化用户对行业知识的了解，可以从专家角度分享行业内鲜为人知的干货内容。这些内容在帮助大众建立资深、靠谱的品牌印象时，可以提升品牌认知度。

（4）单品推荐。可以从产品的使用体验、效果表现等方面，全面展示真实的使用场景，为用户提供详尽的单品推荐。若涉及转载达人内容，必须在文中明确标注原博主信息，以示尊重与感谢。

（5）品牌动态。通过官方渠道，可以第一时间发布产品升级、包装改版、直播预告等品牌动态。这些内容在确保粉丝能够迅速获取最新信息，加强与品牌之间的紧密联系。

（6）用户对话。专业号也要注重与用户的日常交流，通过真诚对话加深粉丝对品牌的认同感与好感度。这些内容可以加强粉丝黏贴，并进一步拉近品牌与用户的距离。

专业号的运营在第八章已经详细讲述，这里不再赘述。

9.3 小红书个人号

小红书的个人号矩阵运营是小红书账号矩阵运营的重要组成部分，主要通过多个个人账号来扩大品牌影响力、提高内容多样性和用户参与度。

个人号的运营通常以博主为核心，其发布的笔记内容显著体现出个人特色，展现出一种随性而富有生活气息的风格。然而，这些笔记中通常会穿插或末尾附上品牌产品或相关信息的提及。

在团队资源允许的前提下，这类个人号可指定专人出镜以增强识别度。若受限于运营团队的精力或账号复制效率，难以维持固定的形象出镜，则可以专注于制作干货攻略、教程等高质量内容。在此情境下，仅需确保有相应人员负责笔记内容的创作和运营维护即可。

如何运营好个人号呢，我们可以从定位、内容、互动、效果几个方面去落地。

比如，某时尚品牌个人号矩阵运营，从定位、内容、互动、效果去分析。

定位：个人号定位为时尚博主、穿搭达人等。

内容：发布时尚搭配、穿搭技巧、品牌产品使用体验等。

互动：与用户分享时尚心得，解答用户疑问，举办穿搭挑战等。

效果：提高品牌曝光度，吸引时尚爱好者关注，提升用户对品牌的兴趣。

从这四个方面进行内容的分析，具体的方法就变得显而易见。

①详尽的内容规划：品牌在市场中的定位和目标用户的实际需求是我们制定内容规划的出发点。我们要确保内容的深度和广度，既要保证内容的专业性，又要提高内容的吸引力，让用户在获取知识的同时，也能享受到阅读的乐趣。这需要我们对市场和用户需求有深刻的理解，同时也需要我们有丰富的内容创作经验和敏锐的市场洞察力。

②鲜明的人设打造：在个人号运营中，人设的打造至关重要。我们要根据每个个人号的特色和目标用户群体的特点，为他们打造独特的人设，比如时尚博主、美妆达人等。这样既能吸引用户的注意力，也能增强用户的黏性。比如，我们的时尚博主可以分享最新的时尚趋势和搭配技巧，美妆达人可以分享实用的美妆知识和产品试用体验。

③主动的互动管理：我们不仅要发布高质量的内容，还要积极与用户互动。我们要及时回复用户的评论，解答用户的疑问，举办

各种互动活动，以提高用户的参与度。这样既能增强用户对我们的个人号的黏性，也能提高用户对我们的品牌的忠诚度。

④系统的数据分析：我们定期对账号的数据进行分析，包括用户的访问量、互动量、转化率等。通过这些数据，我们可以了解用户的喜好和行为习惯，从而优化我们的内容策略，提高我们的运营效果。

⑤全方位的品牌形象塑造：个人号发布的内容和我们的互动方式都是塑造我们品牌形象的重要手段。要通过个人号的内容和互动，向用户展示品牌的专业性和可靠性，让用户对品牌产生信任感。这不仅需要我们有高质量的内容和良好的互动，也需要我们有专业的品牌运营团队和成熟的品牌战略。

9.4 小红书老板IP号

在小红书矩阵账号体系中，存在一种特殊的账号类型，即老板IP号。此类账号以品牌创始人或核心管理者的视角进行创建，可能直接以品牌老板的姓名或特征作为标识，也可能包含老板本人的出镜内容。简而言之，用户普遍认为此类账号代表了品牌老板的形象。

老板IP号，并不是小红书平台区分出来的类型。它既可以是普通个人号，也可以认证为个人职业资质账号，如图9–1所示，选择身份为企业家。

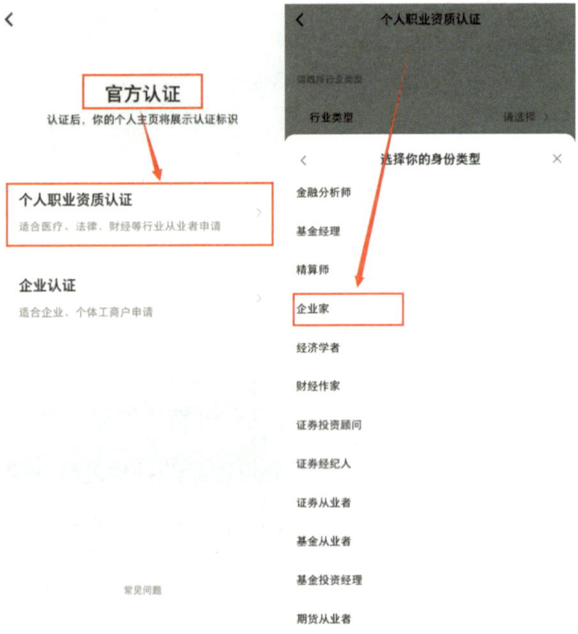

图 9-1　选择身份为企业家

认证为企业家的好处是，账号会出现认证标志，更有信服力。

老板IP号主要内容是呈现老板个人的魅力，从而与品牌专业号形成合力，促进品牌的发展。比如小米品牌和雷军的个人号，就有互相促进的作用。

假如有一家科技公司的老板，要打造老板IP号。从定位、内容、互动和效果四个方面，我们可以这样设计。

①定位：将创始人定位为科技领域的专家或创新者。

②内容：发布关于公司产品、技术发展、行业见解等内容的视频或文章。

③互动：与用户分享技术见解，解答用户疑问，参与行业讨论等。

④效果：提高品牌知名度，吸引科技爱好者关注，增强用户对品牌的信任。

具体的操作方法可以从这几个方面入手。

①内容规划。内容规划是一个关键的战略决策，需要深入理解和把握品牌的核心定位以及目标用户的实际需求。要做到的是，通过精心策划和实施内容策略，确保所提供的内容不仅在其专业领域内具有权威性，而且能够吸引和保持用户的兴趣，同时也要符合用户的期待，以提升品牌形象和影响力。

②人设构建。在构建人设方面，要为老板塑造一个与品牌形象和内在价值观高度契合的公众形象。这可能是一个科技领域的专家、一个勇于创新和尝试的领导者，或者是一个行业内的意见领袖。无论选择哪种形象，关键是要让这个形象能够真实地反映出品牌的个性和使命，从而在用户心中建立起一个积极和正面的印象。

③互动管理。这是维护用户关系和提升用户参与度的核心工作。老板IP号不仅要积极地与用户进行互动，如及时回复用户的评论，解答他们的疑问，还要主动参与行业内的讨论和交流。通过这样的方式，老板不仅能够提升品牌的知名度和影响力，还能够深化

用户对品牌的理解和认同。

品牌形象的塑造是一个长期而系统的工程，需要通过老板个人品牌的内容发布和互动来逐步建立和巩固。要通过老板的个人魅力和专业形象，传递出品牌的专业性、可靠性和前瞻性，让用户能够感受到品牌的温度和力量，从而在激烈的市场竞争中脱颖而出。

品牌打造老板IP号具有得天独厚的优势，相较于其他类型的账号，更容易取得成功。此外，老板IP号与品牌专业号、员工号之间的良好互动，有助于营造更加完整的品牌形象，提升品牌整体价值。

9.5 小红书引流号

既然是做矩阵号，就必然有很多小号来参与引流，这些小号我们可以拿来做引流促成交使用。

引流号在成交方面的应用是非常合适的，它的主要功能是在专业号的评论区、与品牌相关的笔记评论区，或者品牌曾经投放过营销内容的个人号评论区进行有针对性的评论，以此达到引流的目的。

引流的目的主要是将潜在的用户群体引导至微信或其他我们需要使用的销售平台，例如美容、旅游等提供各种服务的行业往往需要引流号的支持。需要明确的是，引流号并不局限于个人号，专业号同样可以发挥引流的作用。

引流号有多种引流方式可供选择，包括站内引流和站外引流。在创作笔记时，品牌可以在图片中添加标签，用户点击标签后，可以直接跳转到产品的详情页面。如果用户认为产品值得购买，他们可以在详情页中直接下单购买。站外引流也是一种常见的引流方式，例如，在个人简介中明确标注品牌的店铺名称，以此为店铺引流。许多小品牌的创始人会打造属于自己的个人号，并在个人号中公布自己的站外店铺名称，指导用户如何搜索到。

当然，引流号的成功并非一蹴而就，它需要精心策划和持续维护。首先，引流号需要明确自己的目标受众，并根据受众的特性和需求制定相应的内容策略。比如，针对年轻人群的美容品牌，引流号的内容应该更加时尚、活泼，与年轻人的审美和生活方式相契合。

引流号的互动性也是至关重要的。通过积极回复用户的评论和私信，建立与用户的良好关系，不仅可以增强用户对品牌的信任感，还能促进用户的参与度和活跃度。

总之，引流号在成交方面的应用具有广泛的前景和潜力。只要掌握了正确的策略和方法，就能将潜在的用户群体引导至我们需要的销售平台，实现商业价值的最大化。

9.6 如何做好矩阵号运营

做矩阵号运营，搞清楚了各个类型小红书号的功能，我们就要懂得布局。比较好的布局是1个专业号（专业号）+1个老板IP号+2～3个个人号+多个引流号。

这几个号在品牌营销的过程中，可以互相配合。专业号发布品牌的官方信息，展示品牌形象，给用户传递权威、专业、正式的信息。老板IP号传递老板的个人魅力，通过故事传递品牌的价值。而个人号则彰显一定的影响力和专业度，从行业专家的角度去传递内容，扩大品牌曝光度，提升品牌声誉。引流号则维护口碑、引流等。这样的“组合拳”会起到很好的营销效果。

1.矩阵号起号、养号策略

如何有效地起号、养号，使矩阵号在小红书平台上获得更好的曝光度和影响力，是一个值得深入探讨的问题。

（1）账号信息。账号信息决定了账号的基本属性与定位。在设置账号信息时，需全面考量品牌特色、目标用户群体及内容发展方向。

首先，账号名称与头像应充分展现品牌特色，同时需确保具有高度的辨识度和吸引力。名称应力求简洁明了，直接传达品牌核心信息；头像可采用品牌Logo或代表性产品图片，以增强品牌认知度。

其次，账号简介与个性签名应精炼地概述品牌或个人特点与优势，同时契合小红书平台的整体风格。通过这些简短的文字，使用户能迅速地理解账号的定位与价值。

标签与分类的设置也不可忽视，通过合理的设置，有助于提升账号内容被用户搜索与发现的概率，进而增强账号曝光度。

（2）养号初期。在账号成长的初期阶段，构建账号的信任度和积累基础粉丝是至关重要的任务。在这个阶段，我们应该将重点放在提高内容的质量和数量上，并且要主动与用户进行互动，以提高账号的活跃度。

①发布高质量的内容是养号初期的核心任务。内容需要紧密围绕账号的定位和用户的需求来展开，强调内容的原创性和实用性，并且要保持适当的更新频率，这样用户才会持续关注账号的动态。

②积极与用户互动。我们可以通过回复评论、私信互动等方式，加强与用户的沟通和联系。同时，我们还要关注同领域的其他账号或者潜在的用户，进行适当的互动和引流，这有助于提升账号的知名度。

③我们还可以利用小红书这个平台的功能和活动来实现我们的

目标，比如参与热门话题的讨论、发起话题挑战等，这些都能吸引更多的用户关注和参与。

养号初期需要我们在内容质量和数量上下功夫，同时要积极与用户互动，利用平台的功能和活动来提升账号的知名度，这些措施都能帮助我们打造一个健康、活跃的账号。

（3）养号中后期。养号中后期是账号进一步提升影响力与实现商业转化的关键时期。在此阶段，应着重优化内容质量与推广策略，并加强与其他账号的合作与联动。

①优化内容质量与形式。在全面评估用户反馈及数据分析的基础上，审慎调整内容策略与方向，以确保内容的精准度和吸引力得以提升。此外，为了丰富用户体验并增强账号的多样性，可以尝试并探索多样化的内容形式，包括但不限于图文、视频及直播等。

②加强推广与合作。在提升账号曝光率与粉丝量方面，建议利用小红书平台提供的专业推广工具进行付费推广，以确保更广泛的受众覆盖。同时，积极寻求与其他账号或品牌的合作机会，共同策划活动或推出联名产品，通过联合营销的方式扩大账号影响力，吸引更多潜在用户。

小红书矩阵号的养号策略需从账号信息、养号初期及养号中后期等多方面综合考虑。养号过程并非一蹴而就，需持续努力与保持耐心。

2.矩阵号维持日常运营的方法

小红书专业号、老板IP号、个人号和引流号在维护日常热度方面，各自需要采取不同的策略和方法。

（1）专业号：以官方信息和活动驱动。专业号作为品牌在小红书的官方发声平台，其日常热度的维护主要依赖权威内容的发布和丰富多样的活动。

首先，为确保专业号的有效运营，必须维持稳定的内容更新频率，定期发布与品牌、产品紧密相关的权威信息，涵盖新品发布、技术革新、行业动态等关键内容。这不仅能够有效展示品牌的实力和专业性，还能有效吸引用户的关注并激发讨论热情。

其次，为提升用户参与度，专业号应积极策划并组织线上及线下的各类活动。例如，可举办话题挑战、产品试用体验、抽奖互动等活动，鼓励用户积极参与并分享个人体验，从而有效提高专业号的曝光度和用户活跃度。

此外，专业号需对用户评论和反馈给予积极的响应。对于用户提出的疑问和建议，应及时回复并妥善处理，展现出品牌对用户的关心及负责态度，从而与用户建立并维护良好的互动关系。

（2）老板IP号：彰显个性，情感链接。老板IP号，作为与用户建立情感连接的虚拟形象，其日常热度的维护核心在于情感互动与个性化内容的精心创作。在情感交流方面，老板IP号应重视与用户的情感纽带，通过发布温馨、富有趣味性的内容，增进与用户之间的亲近感。同时，老板IP号可以适度分享其日常生活、兴趣爱好等，以加深用户对角色的了解和喜爱。

在内容创作层面，老板IP号应保持鲜明的个性和特色，避免与其他账号产生同质化现象。此类账号可以结合自身的独特性以及品牌定位，创作出具有辨识度的内容，从而吸引用户的关注和喜爱。

（3）个人号：专业内容提高影响力。

为了确保在专业领域内的权威地位和专业形象，个人号应当坚守专业精神，定期发布高质量的内容。这些内容不仅包含对行业的独到见解和深度剖析，还可能涉及对产品的细致评测和专业推荐，这样的内容往往能够迅速地吸引用户的目光，并建立起用户对个人号的信赖与依赖。

为了进一步提升个人号的影响力与知名度，参与各种线上或线下的活动无疑是一个绝佳的途径。通过参加行业内的权威会议、举办具有针对性的线下讲座，或是与其他具有影响力的达人进行合作，个人号可以大幅提高自己的曝光度，并进一步扩大其影响力。

此外，与粉丝的互动也是个人号维持热度的重要一环。积极回应粉丝的评论与反馈，不仅能够展现出个人号的亲和力与人文关怀，更能够深化与粉丝之间的联系，培养出一批忠诚且活跃的支持者。通过这样的互动，个人号能够更好地了解粉丝的需求与喜好，从而为他们提供更为精准和贴心的内容推荐。

（4）引流号：分享引流与口碑塑造。

引流号作为小红书平台上的普通用户，其日常热度的维护主要依赖真实分享和口碑传播。

引流号在推广过程中，应主动分享个人购物旅程、使用细节及真实感受，以便让其他用户直观地感受到产品的实际效果与魅力。

这类源自真实生活、贴近用户的分享，不仅能够有效地增强其他用户对产品的信赖感，更能激发他们的购买欲望，从而促成交易。

此外，引流号还可积极投身于品牌的各类活动，如晒单、互动问答等，以此提高自身的曝光度和活跃度。在这些活动中，引流号可以积极与其他用户进行深度交流，分享个人的见解与体验，从而吸引更多用户参与，提升活动的整体热度和影响力。

更重要的是，引流号还可借助口碑传播这一强有力的手段来巩固自己的影响力。当遇到心仪的产品时，不妨向身边的亲朋好友热烈推荐，并在小红书平台上分享给更多的潜在用户。这种源自真实体验的口碑传播，无疑将极大地提升产品的知名度与美誉度，同时也有助于引流号自身影响力的持续增长。

综上所述，小红书专业号、老板IP号、个人号和引流号在维护日常热度方面需要采取不同的策略和方法。

①专业号需要注重权威内容的发布和活动组织。

②老板IP号需要关注情感互动和个性化内容的创作。

③个人号需要保持专业性和影响力的拓展。

④引流号则需要真实分享和口碑传播。

通过综合运用这些策略和方法，各角色账号可以有效提升自己在小红书平台上的热度和影响力，为品牌和产品的发展提供有力支持。

第十章

小红书投流：借助杠杆的力量

10.1 小红书为什么要投流

近年来，众多品牌在小红书平台上的广告投放取得了显著成效。通过小红书的信息流广告投放策略，品牌能够显著提升曝光率和用户关注度。在小红书上投放广告，有很多优势。

第一，小红书的用户精准定位功能为信息流广告投放提供了强大的支持。该平台以年轻女性为主要用户群体，拥有详尽的用户画像和兴趣标签。品牌可借助广告投放平台提供的用户数据，精确选择目标受众的性别、年龄、地域、兴趣等维度，从而确保广告能够精准触达潜在消费者，有效提升广告的转化率。

第二，小红书信息流广告投放注重用户体验，致力于为用户提供高质量、有价值的内容。在广告投放过程中，小红书严格把控广告质量，确保广告内容符合平台规范，并巧妙地融入用户信息流中，避免对用户造成不必要的干扰和厌烦。这种以用户体验为核心的广告投放策略，增强了用户对广告的接受度和互动性，进一步提升了广告投放的效果。

第三，小红书为品牌提供了多样化的广告形式，以充分展现品牌价值。平台支持图文、视频、直播等多种广告形式，并鼓励博主联合推广和用户生成内容推广。品牌可根据自身需求和资源，灵活选择适合的广告形式进行投放，以更全面地展现品牌特点和价值。特别是与热门博主的合作推广，能够借助博主的影响力和粉丝基础，显著提升品牌的曝光度和信任度。

第四，品牌可以测试市场反应。在小红书上进行小规模的广告投放可以作为市场测试，帮助品牌了解目标市场的反应和偏好。利用小红书平台进行小规模广告投放后，品牌可以进一步细化其市场策略，通过收集和分析用户反馈来优化后续活动。例如，观察哪些类型的内容更受用户欢迎，是故事性强的图文分享，还是直观生动的短视频？这种洞察不仅有助于提升内容创作的质量，还能精准定位目标受众的兴趣点。接下来，品牌可以设计一系列互动环节，如发起话题挑战、设置投票或问卷，鼓励用户参与并分享自己的使用体验或创意内容。这些互动不仅增加了用户黏性，还能让品牌更直接地听到消费者的声音，从而在产品迭代和服务升级上做出更加贴近市场的调整。

同时，品牌可以关注并参与到小红书上的热门话题讨论中，通过发表专业见解或提供实用建议，树立行业权威形象，增强品牌信任度。这种软性的品牌宣传方式，比单纯的广告投放更加自然且有效，能够在用户心中留下深刻印象。

此外，利用小红书的数据分析工具，品牌可以追踪广告投放的转化率、用户画像变化等关键指标，为后续的营销策略制定提供数据支持。通过分析不同时间段、不同内容形式的广告效果，品牌可以逐步构建起一套高效且可复制的市场推广模式，为品牌的长期发展奠定坚实基础。

最后，小红书信息流广告投放具有较高的投资回报率（ROI）。广告投放平台提供了全面的数据监测和分析工具，使品牌能够实时监控广告效果并进行数据分析。根据投放结果，品牌可及时调整和优化广告策略，以实现更高的ROI。小红书的用户精准定位、优质的用户体验以及丰富的广告形式，共同为品牌带来了更高的投资回报。

10.2 信息流广告和搜索广告

小红书广告，依据其性质与目的，可明确划分为品牌广告与效果广告两大类别。品牌广告，涵盖开屏广告、火焰话题、GD投放以及商业话题等多种形式，这些广告的投放通常依据预定的排期资源来执行购买流程。而效果广告则主要依据竞价机制进行操作，其灵活性与成本效益使其成为中小商家的优选广告形式。

进一步细化，效果广告当前可细分为全站智投、信息流、搜索以及视频流四种模式。对于品牌而言，信息流广告与搜索广告因其精准触达与高效转化的特性，被视为核心的广告投放方式。这两种广告形式不仅有助于品牌提升曝光度，还能有效促进用户与品牌之间的互动与转化。

1.信息流广告和搜索广告

信息流广告是指在社交媒体用户的好友动态或资讯、视听媒体内容流中嵌入的广告形式。小红书信息流广告位的具体位置，通常位于发现页频道，具体为从第6位开始，随后每隔10个位置依次递增展示。

小红书信息流广告主要适用于两种场景：第一，精准覆盖目标用户群体，实现产品或品牌的高曝光率；第二，通过持续的品牌曝光和种草行为，提升品牌口碑，培养用户的品牌习惯和忠诚度。

小红书搜索广告是广告主在小红书平台搜索引擎上投放的一种广告形式。具体而言，当用户在小红书上搜索相关关键词时，与这些关键词紧密相关的广告内容会出现在搜索结果页面中。

在小红书的推荐页中，第3位和第13位（及其后续顺延位置）被设定为广告位，这些位置被视为捕获具有明确购买意向或特定兴趣偏好目标流量的关键区域。这些广告位不仅具备高曝光率，还能精准触及那些正主动浏览和探索相关内容的用户群体。

在小红书的社区搜索广告策略上，广告主享有更高的灵活性。他们可以选择投放高质量的笔记内容，并借助平台上知名达人的影响力和粉丝基础，进行软性植入式的推广，即“种草”。这种推广方式能够充分利用达人的个人魅力和专业见解，以潜移默化的方式引导用户产生兴趣，并促进最终的转化。

2.信息流广告的投放

在投信息流之前，我们需要先熟悉一下信息流广告的竞价机制。

（1）小红书信息流广告的竞价机制。

①在用户访问曝光位置时，平台会根据小红书信息流广告位的

特点，精准匹配合适的小红书信息流广告素材（标的）。

②对于匹配到的小红书信息流广告素材，平台将进行严格的质量评估，其中预估点击率（CTR）是评估创意质量的重要且常用的指标之一。

③为了确保小红书信息流广告效果的有效传达，平台将对用户展示频次进行科学合理的控制，即实施展现频控策略。

④接下来，平台将对创意素材进行排序。影响小红书信息流广告排序的主要因素为预估点击率与出价的乘积。

⑤在竞价过程中，获得胜利（即ECPM值较高）的小红书信息流广告将有机会对用户进行曝光。

⑥当用户点击小红书信息流广告时，平台将按照约定向广告主收取相应的费用。

（2）聚光平台。

作为小红书的广告投放专家，聚光平台集成了信息流广告与搜索广告等多种资源场景，为商家量身打造了精准定向与智能投放的营销工具。此平台旨在助力优质产品迅速脱颖而出，使商业营销活动更加高效、便捷与持久。

聚光平台能全面满足商家的多样化需求，无论是产品推广、市场占位、销量提升还是客户资料收集，均能提供强有力的支持。

聚光平台有这样一些我们需要了解的特点。

①场景化：聚光平台紧密结合小红书的搜索与浏览特性，以产

品为细分基准，实现了搜索与浏览场景的无缝对接。

②智能化：依托先进的人工智能技术，聚光平台具备精准锁定目标人群与智能投放广告的能力，充分满足商家的个性化需求。

③一体化：聚光平台构建了从种草笔记到效果广告转化的完整交易闭环，使商家的笔记内容与电商商品/店铺紧密相连，显著提升营销效率。

我们之所以选择在聚光平台上投放广告，它的一些核心优势我们也需要了解。

①一站式解决方案：聚光平台以一站式的服务模式，应对商家复杂的营销需求，提供全面支持。

②全景覆盖：覆盖小红书的搜索与浏览两大核心场景，深刻影响消费者的购买决策过程。

③智能驱动：运用先进的人工智能技术进行投放决策，科学提升营销效率与效果。

④数据支持：与全链路数据实现无缝对接，为商家提供更为精准的营销决策依据。

⑤健康发展环境：聚光平台致力于构建健康、可持续的投放生态，确保每位投放者都能在良性循环中获得最大回报。

（3）智能投放。

小红书的智能投放功能，其核心涵盖两大关键能力：OCPC（目标转化出价）与Nobid（无竞价投放或最大转化投放）。作为当前小红书信息流广告领域的主流投放模式，智能投放相较于传统的手动投放方式，在成本控制与点击效率等方面展现出了显著的优势。值得特别注意的是，对于采用智能投放策略的产品而言，其设置规则严格限定为单一计划对应单一投放单元，以确保投放策略的精准执行与高效管理。

①智能投放是一种广告投放策略，其核心在于将小红书信息流广告的投放能力部分或全部交由系统模型进行自动化管理。具体而言，系统模型会根据预设的设置或约束条件，进行智能化的自动调优，以确保小红书信息流广告的投放能够达到最佳的效果。通过这种方式，广告主可以高效地利用资源，提升广告的曝光率和转化率。

②智能投放的优势显著。在效果层面，其自动化与智能化的特性相较于纯手工操作，能够显著提升运营成效；在效率层面，智能投放无须人工干预，有效降低了运营成本，并大幅提升了小红书信息流广告投放的效率。值得注意的是，尽管不同平台的智能投放所涵盖的具体内容或功能可能存在差异，但绝大多数平台均致力于通过先进的系统模型来优化小红书信息流广告的投放策略，以期实现效率和效果的双重提升。

③OCPC投放能力。OCPC的核心付费方式仍然是CPC（单次点击成本），但其独特之处在于引入了更为科学的转化率预估机制。此机制旨在助力广告主在吸引更多高质量流量的同时，显著提升转化完成率。具体而言，系统会依据广告主设定的出价，并综合多维

度、实时反馈以及长期积累的海量数据，通过智能化手段动态调整出价。此过程充分考量了预估的转化率以及当前的竞争环境，以优化小红书信息流广告的排序。最终，广告主能够竞得与其目标最为契合的流量，从而有效降低转化成本。

OCPC（Optimized Cost per Click）适用于那些对成本高度敏感，并期望在既定成本框架内最大化广告曝光与转化的场景。具体而言，以下两类常见客户情境尤为适用：第一，线索收集与私信营销类客户，他们旨在成本可控的前提下，追求更高的转化成效，并据此灵活调整预算，以进一步促进转化量的增长。第二，种草类客户，在控制成本的同时，致力于积累更多的用户互动数据，旨在通过这些数据打造具有广泛影响力的热门内容，从而提升品牌影响力与市场占有率。

在聚光平台中，如使用OCPC投放能力，需要设置出价方式为“自动出价”，成本控制方式根据需求选择。

④Nobid投放能力。Nobid在小红书平台上被用户称为“智能托管”。它是一款高度智能化的投放产品，用户仅需设定预算，无须烦琐的出价设置，系统模型便会在此预算范围内，竭尽所能地优化投放效果，以实现最大化收益。

Nobid的适用场景广泛，特别适用于那些对预算有严格限制，同时希望达成高效投放目标的用户。比如，预算明确但目标成本概念模糊的场景。在此类情况下，用户可借助Nobid系统模型的强大能力，在既定的预算范围内，寻求投放效果的最大化。比如，首要目标是提升曝光量，且对略高于日常投放成本的目标成本持开放态度的场景。例如，在营销大促节点，用户往往希望能在增加曝光量的同时，确保一定的投放效果，此时Nobid便成为理想的选择。再比如，优化能力或时间精力有限，追求投放设置简便高效的场景。Nobid以其智能化的投放流程，大大简化了用户的操作负担，让投放更加高效便捷。

在聚光平台中使用Nobid投放能力，需要进行的设置有“预算”“推广目标”“自动出价”“自动控制”等。

（4）手动投放。

小红书信息流广告的手动投放功能，作为一种基础能力，在平台内部被广泛应用。它也被称作信息流CPC，其核心在于点击率预估模型的运用。值得注意的是，目前小红书平台中，仅有少数信息流广告支持手动投放的方式。

（5）定向投放。

小红书信息流广告的核心目标是精准触达其目标用户群体，或最大化地提升产品曝光率，从而促使用户在主动浏览内容时能够点击小红书信息流广告。为实现这一目标，“定向”功能扮演着至关重要的角色。

①通投。选定“通投”模式后，小红书的信息流广告将会全面覆盖平台内的所有用户群体。在此基础上，用户可进一步叠加性

别、年龄、地域、平台等多元化筛选条件以优化投放。此模式的主要优势在于其广泛的受众覆盖，能够触达庞大的用户基数。适用场景则聚焦于那些无特定定向需求，旨在广泛且最大限度地触达小红书用户群体的广告主。

②智能定向。智能定向功能由小红书系统提供，会根据用户的行业/产品特性及信息流广告投放目标，深度挖掘并定位精确的潜在受众群体。此外，该功能还允许你叠加选择性别、年龄、地域、平台等多种筛选条件，以进一步细化目标受众。通过运用先进的模型技术，智能定向能够高效且准确地挖掘出目标人群，显著减少了人工选择定向标签或利用DMP（数据管理平台）生成人群包所需的时间和精力。同时，由于智能定向所覆盖的人群量级相对较大，这一特性有效避免了所选标签量级过小而导致广告投放量不足的问题，从而提升了广告投放的效果和效率。此类模式尤为适宜在小红书平台的信息流广告中投放，针对具有明确行业及产品属性的目标受众群体，确保了一定的转化率，同时也能有效促进广告曝光量的提升。

③自定义定向。自定义定向又分为“行业兴趣定向”“关键词兴趣定向”“人群包”三种。其中，“关键词定向”是小红书推荐的优势定向能力。

第一，行业兴趣定向。行业兴趣定向，具体细分为“行业阅读兴趣”“行业购物兴趣”，这一分类依据源自小红书用户的阅读及购物行为数据，从而精准识别并划分特定人群。在设定行业兴趣定向时，用户可直接从现有的各类行业中进行筛选与选择。行业兴趣定向的优势在于，它为用户提供了直观且便捷的方式来选定目标受众群体，同时，其覆盖的受众量级也相当可观。此功能尤其适用于那些具有明确行业属性，并希望通过小红书信息流广告进行精准投放的用户。

第二，关键词兴趣。关键词兴趣是聚光平台所独具的创新功能，旨在优化小红书信息流广告的效果。此功能特别适用于识别并定向近期内主动搜索过特定关键词的用户群体。其显著优势在于，首先是精准触达，相较于未曾展现搜索行为的人群，那些已针对相关关键词进行搜索的用户，在接收到小红书信息流广告的再次触达时，往往能展现出更高的关注度和转化率，从而有效提升广告投放的精准性与效果。其次是广泛的关键词选择范围，此功能在关键词的选择上赋予广告主高度的自由度和灵活性。广告主可根据自身需求，自由选取包括品牌词、品类词、场景词等在内的多种关键词，以实现更广泛而精准的受众覆盖。

3.搜索广告的投放

搜索广告的基础信息我们已经做过介绍。

这里我们先来看看搜索广告的价值。

（1）搜索广告的价值。

根据小红书对用户搜索行为的深入调研，结果显示，超过80%的搜索用户在初步了解产品或服务时，将小红书作为首选的信息搜索平台。进一步分析发现，小红书的搜索结果在用户的消费决策过程中扮演着举足轻重的角色，接近九成的用户认为小红书的搜索结果对其消费决策产生了显著影响。这一发现不仅凸显了小红书在用户搜索与消费连接中的桥梁作用，也彰显了小红书搜索场域所具备的高价值。因此，通过投放搜索广告，企业可以充分利用小红书的这一优势，实现精准触达与高效转化。

①小红书平台上的搜索功能能够有效转化具备高度购买意向的客户。当用户主动在平台上检索品牌、品类及商品相关信息时，其购买意愿通常更为强烈，这为商家提供了高效触达并转化潜在客户的机会。若商家的产品或服务能在用户搜索相关关键词时出现在结果页中，将极大地增加转化高购买意向客户的可能性。

②小红书平台上的搜索功能具备关键词卡位与拦截能力，能够有效锁定品牌、产品、品类等关键字，以拦截行业流量，并为企业品牌筑起坚实的防护墙。尽管投放搜索广告能够促使笔记展示于用户的搜索结果页面，但具体排名可能并非固定于第2位或第3位。针对品牌词、特定时间营销节点的产品、品类词等核心关键词，抢占搜索关键词广告位置前三的需求显得尤为重要。此时，可借助“抢占赛道”这一营销策略，以实现精准的目标定位与市场占位。

③用户通过信息流的回搜行为，能够进一步深入品牌专业号阵地，获取更为全面的产品信息，从而有效提升转化率。对于高决策成本的产品而言，用户往往不会仅通过初步了解就立即下单购买。

针对用户在整个决策链路中可能产生的搜索行为及关键词，我们应进行精准的内容布局。确保在用户的每一次搜索行为中，都能在搜索结果页呈现有吸引力的内容，如产品测评、权威背书、用户真实反馈等。这样一来，便能更有效地提升用户的转化率。

（2）搜索广告的核心关键词。

在构建有效的搜索广告策略时，关键在于精准选择关键词。因此，在正式投放广告之前，必须进行详尽的关键词分析，以确保选取的关键词能够精准匹配目标受众的搜索意图，并据此规划内容布局，最终通过投放策略实现影响力的最大化。

①关键词分类。为精准触达目标市场，我们可将消费者细分为四个层次：核心消费者、查询型消费者、对比型消费者及潜在消费者。针对这一分层体系，我们应深入探究流量生成的底层逻辑，即内容关键词的作用，并秉持用户至上的原则进行思考。首先，需明确用户在何种情境下会进行搜索？这些搜索行为背后蕴含着哪些具体的关键词与内容需求？随后，基于这些洞察，精心策划并布局与之紧密相关的内容，以确保能够精准捕捉并满足用户的实际需求。

②关键词规划与挖掘。第一种是智能推词的方法，该方法根据推广笔记、落地页或商品的具体内容，系统能够自动推荐一系列相关的关键词。

第二种是行业推词。这一机制根据产品的行业分类和具体属性，智能生成并推荐关键词。在后台，当用户选择“蓝牙耳机”类目并勾选所有属性时，系统将展示一系列推荐的关键词。鉴于关键词数量众多，用户可选择下载功能，将关键词生成表格以便详细查阅和筛选。

第三种是以词推词。用户输入特定的业务关键词，随后系统会根据这些关键词智能推荐更多相关的词汇。例如，输入“蓝牙耳机”后，系统将展示一系列与之相关的推荐关键词。

第四种是关键词词包服务。这是平台针对特定类目精心开发的一系列关键词集合，其具体内容会根据营销节点的变化而调整。当用户在选择“手机拍照”类目后，可以查看并下载该类目下的所有词包，以便后续筛选和使用。

第五种是将关键词在小红书下拉搜索框中进行搜索。通过关键词规划，用户可以筛选出适合投放的关键词。随后，这些关键词可逐一输入小红书搜索框中，以查看下拉框中出现的相关关键词。其中可能包含更多合适的投放选项。此外，用户还可以将首次下拉挖掘出的关键词再次输入搜索框，以获取更多相关的下拉词汇，这一过程可循环进行。

③如何搭建搜索广告计划？在后台进行搜索广告搭建时，整体的投放策略分为三个阶段。第一阶段：测试阶段。在选定并分类好关键词后，每条推广计划需至少包含三个笔记用于测试，通过赛马机制筛选出表现最优的笔记。第二阶段：优化阶段。基于第一阶段的数据，筛选出表现良好的首批笔记，通过调整预算分配、分时段

出价策略、地域定向设置以及优化封面设计等手段，进行进一步优化，并总结优质笔记的共性特征。第三阶段：放量阶段。持续积累具备高效推广潜力的优质笔记，通过提高出价或横向复制已验证稳定的素材，以扩大投放规模，实现放量增长。

不管是信息流广告，还是搜索广告，在不同的阶段都应该有不同的节奏，也要根据投放效果及时调整投放的计划和预算。

小红书的投流需要品牌运营者不断摸索规则，调整策略，变更计划，适合平台的规则和用户的兴趣变化。

10.3 薯条投放策略与技巧

小红书还有一个功能，叫做薯条推广，如图10-1所示，有“薯条推广”的选项。

图 10-1　作者服务界面中的薯条推广

对各种类型的小红书账号来说，都会有“薯条推广”这个选项，这个功能类似于抖音的DOU+、微博的上热门，对符合平台要求的内容，我们都可以花钱投放我们的笔记，以获得更大的浏览量、点赞量、评论量等。

薯条作为一种提升笔记曝光率的工具，其运作机制在于根据预设的推广策略，将目标笔记精准地展示给指定的用户群体。在发现页面上，用户所购买的正是这些笔记在发现页上的展示次数。

薯条与信息流广告存在显著差异。由于薯条投放的笔记并未附带广告标识，因此它并不适用于商业性笔记的推广。此外，薯条推荐的笔记在发现页面上的展示位置并非固定，而是根据小红书App首页的发现信息流进行随机曝光，以确保内容的多样性和用户的良好体验。

1.为什么要用薯条推广

那我们为什么要用薯条推广呢？主要目的有这样几个。

（1）测试笔记待优化方向，找准用户喜好。

（2）带动笔记的成长，让优质的笔记快速成为爆文。

（3）增加曝光度，提升个人账号的影响力。

薯条推广这样的优势给我们在小红书上的运营提供了更多可能。我们可以在发布笔记后，通过投放薯条，实时看到笔记的曝光、点击、互动情况，能通过实时数据反馈，判断笔记是否需要调整。我们可以通过薯条推广，让我们的笔记得到更多的曝光、点击和互动，让小红书的算法知道这篇笔记值得更多地推荐曝光。

2.小红书个人号的薯条推广

进入小红书“我”的主页，在作者服务栏目中找到薯条推广，如图10-1所示。点击“薯条推广”，进入推广页面，我们就看到了如图10-2所示的内容。

图 10-2　薯条推广设置

我们能够看到，薯条推广有一定的限制要求。

（1）账号符合薯条加热规范。

（2）笔记为公开发布。

（3）笔记在近90天内发布。

（4）笔记符合薯条加热规范。

这些限制条件相对来说都比较容易达到。如图10-2所示的这个账号，就是因为选取的笔记发布超过了90天，所以不能进行推广。

在图10-2页面的右上角，有个“我的薯条”选项，点击进入，就能看到如图10-3所示的页面。

图 10-3　我的薯条页面（1）

我们能看到，第一栏是选择笔记的区域，我们可以选择合适的笔记。第二栏是我的钱包，这里可以充值薯币，可以查看优惠券。第三栏则是做任务赢奖励，这里可以通过做任务获得薯条推广的优惠券。

该页面往下，如图10-4所示，还有两个栏目。分别是常用功能和薯条课堂。在常用功能中，我们可以充值，可以对账号进行资质管理、升级等。在薯条课堂中，平台提供了各种薯条推广的学习内容，我们可以通过学习进一步了解如何进行薯条推广。

图 10-4　我的薯条页面（2）

3.小红书专业号的薯条推广

与个人号相比，专业号的薯条推广相对丰富一些。

在小红书的专业号中心，我们找到常用功能，就能看到买薯条的选项，如图10-5所示。

图 10-5　买薯条

点击“买薯条”，进入如图10-6所示的界面，我们能看到，界面跟个人号的界面大同小异。

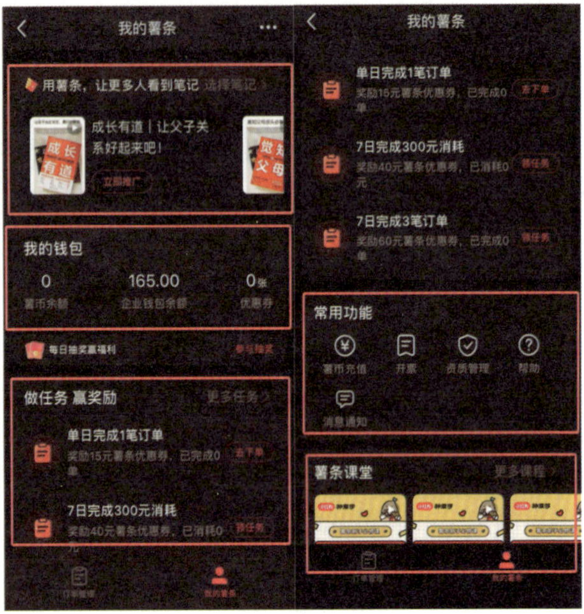

图 10-6　专业号我的薯条界面

在我的钱包栏目和常用功能栏目，相关内容略有不同。当我们选择了其中一条笔记，进行推广设置时，就能看到如图10–7所示的界面。

图10-7　推广设置页

观察如图10–7所示的推广设置页，我们可以设置推广目标，比如点赞收藏量、视频播放量、粉丝关注量、主页浏览量等。

我们可以设置推广笔记，可以去主页选择其他笔记。

我们可以设置推广设置，比如推广金额、启动时间、推广时长、推广人群等。这里的设置是比较核心的。什么样的推广金额就决定了系统对该条推广的预期。启动时间既可以是立即开始，也可以自己设置开始时间。推广时长，有三个选项，分别是6小时、12小时和24小时。一般会根据系统的推荐来选择即可。如果是新手，推广人群的选择就选择智能推荐，如果有一定基础，也可以选择自定义人群。

在支付及优惠栏目，我们可以选择支付方式，专业号可以选择薯币钱包或者企业币钱包。如果有优惠券可以选择优惠券。点击“立即支付”就可以进行推广了。

不过，提交了推广后，系统是否审核通过，还需要等待系统通知。

在薯条推广后，我们可以去查看相关数据，根据数据可以对笔记和推广进行调整。我们在专业号中心，能看到如图10-8所示的页面，点击更多数据，进入下一个页面。

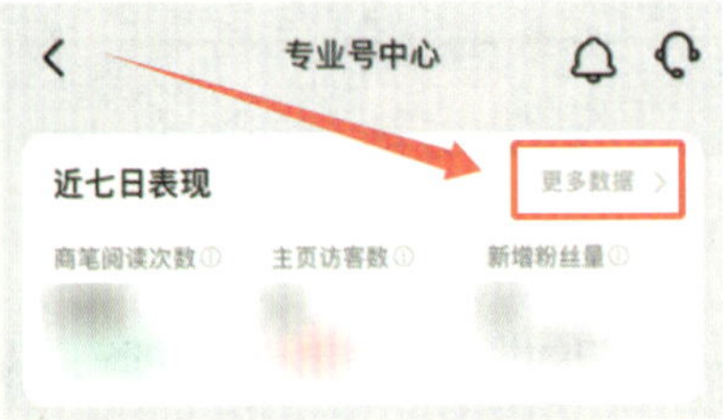

图 10-8　专业号中心

如图10-9所示，我们进入数据中心，可以查看笔记数据、粉丝数据和个人主页数据。专业号的笔记数据分为两类，分别是商品笔记和全部笔记，还可以选择数据的统计周期，如7天或者30天。在笔记总览中，还能选择数据维度，如交易、引导、互动。

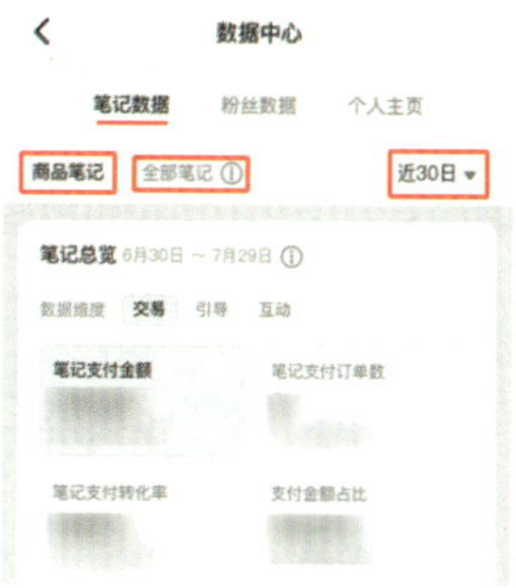

图 10-9　数据中心

在数据中心页面的下部，我们找到笔记观众分析，如图10-10所示，可以了解他们的行为和画像。

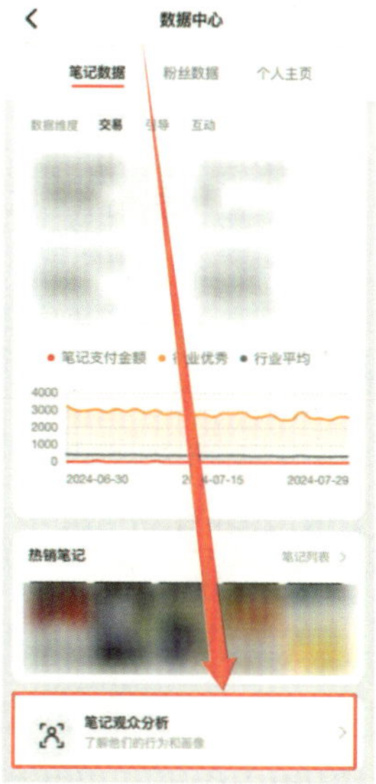

图 10-10　数据中心的笔记观众分析

点击笔记观众分析，进入页面，如图10–11所示，我们能够看到详细的数据统计。我们可以选择观看用户、互动用户、购买用户，还有时间周期，进而就能看到相关的数据统计。在观看用户的数据统计中，我们能看到，粉丝占比情况，用户画像分析，包括性别、年龄、城市等。这些详细的数据可以为我们调整笔记和运营策略提供强有力的支撑。

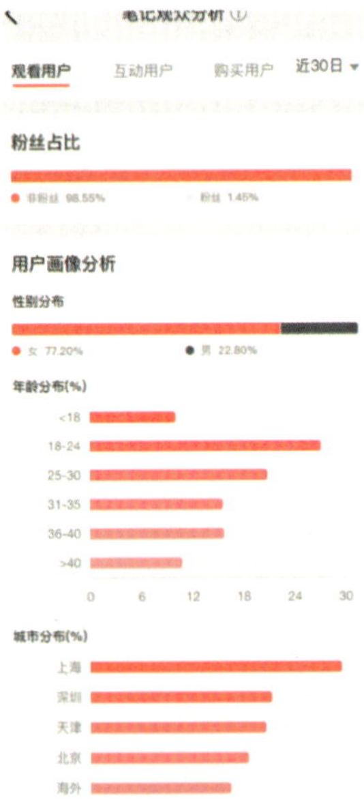

图 10–11　笔记观众分析

小红书的薯条推广，是一个很好的推广渠道，善于使用，能达到意想不到的效果。具体的投放策略，也是需要不断摸索的。

附：

小红书爆款笔记SOP

（标准作业流程）

一、小红书账号定位

1.赛道定位

小红书博主赛道定位的四个关键阶段。

（1）新手入门阶段：针对尚未涉足新媒体领域的初学者，首要任务是选择一个易于上手的内容方向，通过实践积累经验。例如，选择成为读书博主，初期可专注于分享小红书上的热门文案金句、推荐书单及影单等较为基础且易于操作的内容，逐步积累作为博主的经验。

（2）兴趣导向阶段：对于拥有特定兴趣爱好的博主而言，应围绕这些兴趣点构建内容体系，利用个人知识储备，促进内容的持续输出。例如，作为知识分享博主，可专注于分享与兴趣爱好紧密相关的小知识，帮助用户解决入门级的疑惑与问题。

（3）专业深耕阶段：若博主具备某领域的专业特长，则应选择与该专业特长相匹配的赛道，输出高质量的内容以吸引目标受众。

在此阶段，博主可分享职场技能等具有专业价值的信息，并在条件成熟时接受付费咨询，为粉丝提供个性化的解决方案。

（4）商业变现阶段：对于拥有可变现产品的厂商而言，小红书平台成为展示产品、吸引精准客户并促成交易的重要渠道。通过精心设计的笔记内容，厂商可引导粉丝关注并购买其产品，实现线上开店带货或笔记带货的商业变现目标。

2.赛道选择

赛道选择是一个至关重要的决策过程，它关乎如何选定一个与自身条件相契合的领域，以确保内容的持续产出与后续的成功变现。

（1）确保内容产出的可持续性。首要任务是对自身进行深入地剖析与梳理，全面挖掘个人优势与资源。这包括但不限于个人技能、可用资源、兴趣爱好以及职场经历等多个维度。通过详尽的自我评估，明确自身能够持续创作的内容方向。具体而言，你需设想自己是否能在此赛道内，持续输出至少30篇高质量笔记。同时，若你计划依托产品实现变现，无论是现有产品还是未来规划中的产品，均应纳入考量范畴，进行细致梳理与规划。

（2）聚焦用户痛点，提供切实帮助。在明确内容方向后，需进一步思考如何为用户创造价值。这意味着，你所选择的内容领域应能够切实解决用户的至少30个问题。为实现这一目标，推荐采用以下四个筛选维度进行精细化筛选，并从中挑选出1~3项你最有把握、能够持续输出的技能或专长。

①成果显著性：评估你在该领域是否已取得令人瞩目的成果，这些成果能否作为你专业实力的有力证明。

②专业技能积累：审视你是否拥有长时间积累的专业技能，这些技能是否足以支撑你在该领域内进行深度挖掘与创作。

③外界认可：回顾过去，你在哪些方面曾获得过他人的认可与赞誉？这些正面反馈是否能为你的赛道选择提供有力支撑？

④个人兴趣与长期投入：考虑你是否有自己长期在做的兴趣爱好，这些爱好是否能与你的赛道选择相融合，成为你持续创作的动力源泉？

综上所述，通过遵循上述两大原则，你将能够更加理性、严谨地选择一个适合自己的赛道，为后续的爆款打造、粉丝增长及变现机会奠定坚实基础。

3.变现定位

①广告合作变现。小红书平台目前普遍且受欢迎的合作方式是广告合作，主要面向个人博主。合作方式可细分为被动与主动两种。

A. 被动接广告（推荐）：要求博主拥有至少1000名粉丝，并开通蒲公英平台。通过该平台，博主可接收商家发布的广告订单，发布软性推广笔记，完成后商家将支付相应报酬。

B. 主动接广告（非推荐）：博主也可主动寻求合作机会，如利用微信小程序中的通告类平台，这些平台常发布企业和中介的合作招募信息。但需注意，此类非官方渠道合作存在违规及交易风险，小红书平台上存在以合作为名的诈骗行为，需审慎甄别。

②账号出售。在当前市场条件下，账号交易具有一定的需求，尤其针对特定垂直领域的账号，若粉丝数量达到1万，其售价大约在千元级别。此类交易更适用于未进行实名认证的博主。

③课程销售。针对知识类博主，可将专业知识系统化后制作成课程，并在笔记或主页上进行销售。专栏内支持直播课、视频课及一对一咨询三种课程形式，旨在通过课程销售实现变现。同时，为与用户建立更紧密的联系并有效规避平台风险，许多商家和个人开始尝试将平台用户导入私域流量池，以便更灵活地开展营销活动并促进转化。但需强调的是，小红书对外部引流行为实施严格管控，尽管并非完全禁止，但成功引流需依赖精准的技巧与适度的操作。

④带货变现。带货变现分为带货变现和店铺变现。前面我们详细讲过，这里不再赘述。

以上是关于小红书博主定位的几个方向，我们希望每位用户能够依据自身特点和兴趣，精准地定位自己的小红书账号。

二、小红书账号搭建

账号定位有了以后，我们就需要着手搭建账号了。

任何一个完整的小红书账号，都有以下几点：

1.头像

头像的基本要求为高清，且应避免频繁更换，以维持与自身业务领域或赛道风格的一致性。例如，若某人专注于红酒行业，却选择青岛啤酒作为头像显然涉嫌侵权。此类错误在头像使用中较为常见。

鉴于昵称可能存在大量相似情况，头像则成为区分个体的独特标识。相较于文字，头像具有更强的视觉冲击力，能够给人留下深刻印象。

许多个人品牌形象倾向于频繁更换头像，然而，即便新头像更为出色，长期关注或了解该个人品牌的受众群体仍可能因头像变化而感到陌生。

因此，建议尽早确定头像与昵称，即使初始选择并非完美，也应尽量保持其稳定性，以减少对受众认知的干扰。

2.昵称

为确保名称的易记性、与定位的相关性，并避免使用生僻字，推荐采用“昵称+赛道”的命名公式。此方式有助于直接传达个人或项目的核心特色与领域。

例如，若李四专注于英语教学项目，那么其昵称的选择应紧密围绕这一核心定位。如“李四玩英语”这一昵称则更为直接地体现了李四在文案领域的专长与兴趣，更加符合其项目定位。

3.账号简介

最为正式且明确的介绍方式，即清晰阐述个人身份、已获得的成就、所具备的标签或特质、账号的核心定位及其所蕴含的价值。关于联系方式的提供，对于新注册的账号而言，通常不建议立即放上。

4.背景图

既可以是定位相关的图片，也可以是引流的图片，这个参照我们之前讲过的内容。

三、小红书对标账号

对于小红书的新用户而言，掌握寻找对标账号的能力是至关重要的。鉴于新用户可能对如何发布优质笔记缺乏明确的方向，因此，向行业内表现卓越的同行学习成了一条快速入门的途径。那么，谁能够成为我们最佳的学习导师呢？答案无疑是那些具有示范作用的对标账号。

在起步阶段，选择哪些账号作为对标学习的对象显得尤为重要。一般而言，那些内容质量高、受众群体明确且在特定领域内具有一定影响力的账号，都是值得学习的对象。通过对这些账号的深入分析，新用户能够更好地理解如何创作出受用户欢迎的内容，并逐步建立起自己的品牌特色。

1.对标账号的特点

（1）目标用户群体需保持一致。若李四从事考研项目，则其目标用户群体应明确界定为考研群体，非考研群体对其产品的购买意愿较低。因此，李四在选择对标账号时，应避免选择以其他项目为主的账号，以确保双方目标用户群体的一致性。

（2）变现逻辑需相契合。鉴于李四的核心业务是销售课程资料，其变现逻辑主要依赖资料的售出。而某账号虽同样服务于考研群体，但采用免费资料引流后，通过私域课程销售实现变现，这与李四的变现逻辑存在显著差异。因此，此类账号不宜作为李四的对标账号。

（3）粉丝基数需适度考量。在选择对标账号时，应关注其粉丝基数。例如，某拥有亿级粉丝的大网红，其影响力与李四这个零粉丝基础的新手存在巨大鸿沟。即使发布相同内容，两者在互动数据上的表现也将大相径庭。因此，为确保对标的有效性，建议选取粉丝量在两万以下的账号作为对标对象。

（4）账号存在时间需合理评估。在选择对标账号时，还需关注其注册及活跃时间。对于发布久远笔记且获得高赞、收藏的账号，其成功经验可能已不适应当前平台环境和推流规则。因此，为确保对标账号的参考价值，建议选择注册时间相对较近、活跃度较高的账号作为对标对象。

因此，在账号培育过程中，我们应当积极寻找并关注行业内具有参考价值的对标账号。在培育账号时，务必注重记录与分析，特别是对标账号中表现突出的笔记内容。对于这些爆款笔记，我们应进行细致拆解，重点关注其封面图设计、标题吸引力、文案撰写技巧以及话题选择等方面。需要明确的是，对标账号并非一成不变，而是随着市场环境和用户需求的变化而动态调整的。

2.如何找到对标账号

（1）搜索赛道关键词。比如我们做副业相关的内容，我们可以搜副业这个关键词（搜索下拉框也会提示很多副业相关的词），就可以看到相关的热门笔记，找到符合上面4条原则的账号即可。并且善用关键词下方的频道，比如“副业+打工人”“副业+普通人”来进行精细化选择。

（2）大量刷小红书。把你看剧闲聊的时间拿来刷，大数据算法，会根据你的行为习惯，推荐相关内容，把你赛道里你感兴趣的，且有爆款的账号关注起来，系统会源源不断地给你推送，总会有合适你的对标账号。系统也会为你推荐相关的搜索词。

（3）借助工具。比如可以选择灰豚数据—红薯版—达人查找，找出符合你赛道以及要求的账号，自行分析。你在百度搜的同时，百度也会提示你同类型的工具，都是可以去使用的，哪款工具无所谓，适合自己最重要。

3.如何拆解对标账号

在发现对标账号后，我们需对其进行系统性的拆解，以全面分析其运营策略。拆解过程主要包括以下几个方面。

（1）笔记区域分析：此部分应关注笔记区域的整洁度，笔记所获得的点赞数量是否显著，封面模板是否保持一致性，以及笔记封面图的比例是否统一。这些指标有助于评估账号的视觉呈现效果和用户体验。

（2）笔记内容剖析：深入拆解笔记内容，记录其整体框架结构，包括标题的吸引力、文案的撰写技巧、话题的选用以及内页图的表现形式。特别需要关注的是，该博主首个（时间维度上）获得高点赞和收藏的笔记，这些笔记往往蕴含着破局的关键元素，具有极高的参考价值。通过学习这些优秀笔记的框架结构，我们可以找到适合自己的创作模式。

（3）笔记评论区观察：仔细研究博主如何引导用户评论，以及在该领域下用户普遍关注的话题点。这些信息有助于我们了解用户需求，进而结合自身特点创作相关笔记，提高用户互动性和黏性。

（4）私域流量转化学习：若对标账号设有私域引流机制，我们应主动加入其私域环境进行观察。通过学习同行在私域流量转化方面的策略和技巧，如话术、文案、朋友圈运营等，我们可以找到可借鉴的点，优化自己的私域运营策略。这一过程有助于提升我们的用户转化率和长期价值。

四、小红书爆款选题

寻找选题的方式丰富多样，之前我们已分享了多种关于确立对标账号的方法，这些方法均可实际应用于实践中。一旦确定了对标账号，爆款选题的寻找便不再是难题。

因为在对标账号中，已然蕴藏着爆款选题的宝库，我们只需将其借鉴并运用即可。此道至简，只要大家掌握并应用这一方法，便能持续不断地获得优秀的选题。有一个观点广为流传，即“火过的内容可能还会再火”，这也是我们从同行账号中寻找爆款选题的重要依据。然而，仅有这一认识是远远不够的，我们还需要在实践中不断总结和完善，以规避可能出现的陷阱。

若忽视细节，仅凭一知半解地运用此方法，其价值将大打折扣。因为一旦触及违规红线，所有努力都可能瞬间化为乌有。

1.小红书算法推荐机制

做小红书爆款笔记的第一步，需要先了解爆款内容是怎么诞生的。小红书的流量，大部分来自平台的算法推荐，先充分了解算法推荐机制，顺应算法，我们的笔记才会被推荐给更多人，否则好内容也可能无人问津。如何了解算法，我们在本书的第三章等章节详细讲过，这里不再赘述。

2.小红书爆款笔记打造

在小红书，什么样的笔记算是爆款？如果仅从数据上来界定，点赞量在1000以上，就是小爆款。点赞量在1万以上的笔记，是大爆款。一篇笔记能否成为爆款，受多种因素影响，主要是受到点击率、完播率、互动率这三个关键指标的影响，我们在第三章、第四章等章节都有详细的讲述。

这里再给大家提供几条小红书内容自检清单，可以对照着查漏补缺。

（1）所选主题是否契合用户偏好，并具备广泛吸引力，以激发公众关注？

（2）封面图像是否呈现高清晰度，主题表达清晰明了，能够有效吸引读者目光？

（3）标题是否精练且准确传达内容主旨？是否包含热门词汇及关键词，以增强吸引力？

（4）内容布局是否巧妙，将亮点置于前端，以迅速吸引读者兴趣并深入阅读？

（5）内容所含信息价值是否达到高标准？信息密度与质量是否

均属上乘，以满足读者需求？

（6）账号活跃度及粉丝互动情况如何？是否展现出良好的用户参与度和社区氛围？

（7）内容创作是否紧跟平台热门话题或活动？是否恰当使用了话题标签，以增强内容曝光度？

在每次撰写笔记后，运用上述几点进行自我检查，可帮助你有效规避超过80%的潜在问题。

3.小红书爆款笔记封面

虽然我们在前面一再强调了小红书封面设置的事宜，但在颜值即正义的当下，封面作为小红书的脸面，其重要性不言而喻，在SOP中还是要再次强调。

好看的封面自带流量。封面要清晰美观，整体色调要明快清晰，这样才更容易从信息流中脱颖而出，被更多人关注。

小红书的首页展示形式为双列信息流，用户拥有自主选择点击观看的权利。其中，点击率作为平台评估笔记内容质量的关键指标之一，其重要性不容忽视。若因封面与标题缺乏吸引力而导致点击率偏低，这将直接对平台后续的推荐策略产生负面影响。简而言之，这犹如未能通过流量的初步筛选，从而错失后续更多次的流量推荐机会。

再次重点讲讲设计爆款小红书封面的方法。

先说说小红书笔记的封面构成。

（1）封面尺寸标准。为确保在首页推荐的双列信息流中更加突出，强烈推荐采用3：4的比例作为封面尺寸标准。

（2）封面图片选择。封面图片如同店铺的门面，其质量与吸引力直接关乎用户的第一印象。在选择封面图片时，应充分考虑其背景、内容设计以及美观度。无论是采用纯色背景图片，还是真人实拍照片，都应确保图片高清、整洁且美观。同时，经过精心设计的抢眼图片或经过美化处理的拼图也能有效吸引用户注意。

（3）封面标题或关键词的重要性。封面上的标题或关键词是引导用户了解内容主题的关键元素。它们既可以是一句完整的标题，也可以是主题关键词，或几个概括内容要点和价值的短语。用户在浏览时，首先会被封面吸引，进而通过标题或关键词快速判断内容是否符合自身兴趣和需求。因此，在封面设计中，除了注重图片的吸引力外，还应精心构思封面文案，确保其在图片不够突出时仍能发挥重要作用。特别是对于专注于知识或干货分享的账号而言，封面文案的精准与吸引力更是至关重要。

那么，如何才能写好封面文案呢？

封面文案要有简洁、明确且直击主题的特性，避免冗长，确保用户在初次浏览时即可迅速捕捉核心信息；文案不仅要精练地提炼内容的精髓与亮点，还应凸显其独特的价值所在，以展现其与众不同的优势；同时，文案中应至少包含一个能够激发用户兴趣或需求的元素，无论是针对其痛点或问题提出解决方案，还是直接呈现可获得的利益与好处；此外，文案应紧密贴合笔记内容，确保信息的准确传达。

关于封面文案，特别是一句话标题的撰写，更应注重言简意赅与吸引力。一句话标题需精准概括全文主旨，同时运用创意与策略，吸引读者的注意力，引导其进一步点击观看。

（4）爆款封面的排版样式。有了封面图和封面文案，要怎样进行排版设计，才会重点突出，美观又吸引人呢?

下面这5种常见的爆款封面样式，可以参考借鉴。

①封面设计应包含竖版或横版构图，以人物为主体（原图或扩展图），并配以一句精练的标题或关键词。设计需以人物为中心，辅以醒目的文案，以增强吸引力。

②封面设计可采用三分构图法，将画面大致分为上、中、下三部分。上部用于展示笔记的标题；中部则聚焦于人物主体；下部则补充具有悬念的文案，旨在激发用户的好奇心。

③二分构图法则适用于上下两张图片的拼接，中间部分可放置醒目的标题或文案。此布局尤其适合健身、美妆博主展示前后对比照，以及美妆护肤、家具博主等在进行产品测评或猜想时展示产品。

④竖版构图下，应选用清晰的人物照片作为主体，标题或关键词可置于上方、中间或四角位置。一种创新的方式是提炼四字主题，分别置于封面四角，中间则放置一句精练的封面标题。

⑤横版构图适用于包含场景和人物的封面设计，需搭配一句吸

引人的标题或关键词。在选择画面时，应优先考虑Vlog中最具看点或故事性的场景，以营造浓厚的氛围和吸引力。

为确保主页的整洁美观与良好的第一印象，建议从初期就坚持采用统一的风格布局。这样做不仅能够避免页面显得杂乱无章，还能有效提升用户的留存率与关注度，进而促进粉丝转化率的增长。

4.小红书爆款标题

许多笔记的封面标题与正文标题完全一致，这种做法并不理想，建议实施差异化处理，以增强吸引力和辨识度。

例如，一篇培养习惯的笔记，封面标题可设为："2024，从打破常规开始，重塑自我！"正文标题为："掌握66个微习惯，让2024年的你实现蜕变与飞跃。"这样的设置既保持了内容的连贯性，又凸显了笔记的核心信息、亮点与价值，进而更有可能激发用户的阅读兴趣与点击欲望。

我们需要明确，粉丝选择点击并阅读笔记的根本原因，在于该笔记对他们具有某种价值，可能是与他们自身紧密相关，也可能是激发了他们的好奇心。封面标题与正文标题的构思理念是相互贯通的，那么具体应当如何操作呢？

首先，我们需要提炼出笔记的核心主题，即准确概括笔记所要传达的主要信息或方法，比如"提升自信心的有效策略"或"增强执行力的实用方法"等。

其次，通过运用一些精心设计的标题技巧，我们能够创作出更具吸引力的标题。以下是几个简洁而实用的标题设计技巧，供你参考和应用。

（1）提问式标题。提问作为一种广泛采用且效果显著的标题设计手法，其优势在于能够自然而然地吸引用户的注意力，并促使她们进行思考。可以围绕“是什么”“为什么”“如何”“怎么办”等疑问词来构思你的标题，以此激发读者的好奇心和探究欲。

使用提问的方法，要注意最核心的一点：问题直击痛点，也就是提用户关心、需要答案的、正在为此烦恼的问题。

（2）设问式策略，即针对受众痛点，精心构思问题，并随后提供针对性的解决方案，通过自问自答的形式，有效引导读者思考并解决问题。

（3）数字式标题设计，巧妙地将具体数字融入标题中，如时间、金额、数量等，使标题在众多文字中脱颖而出，迅速吸引用户注意。此类标题不仅能激发用户的兴趣，还能通过直观的数据展示，增强信息的认知度和价值感。尤其适用于信息密度高、知识点丰富的清单式干货分享及聚合式盘点类笔记。

（4）利益式标题，旨在直接传达笔记的核心价值，明确告知用户笔记的主题、内容及阅读后能获得的具体益处。这种标题设计能够充分展现笔记的实用价值，对目标用户群体具有高度的吸引力。

（5）悬念式标题，通过巧妙设置悬念，仅透露部分信息，激发用户的好奇心，引导其深入探索。可隐藏的悬念元素包括“是什么”“为什么”“怎样做”等，旨在通过留白艺术，激发用户的探索欲和求知欲。

（6）对比式标题，通过对比两个在结果、境遇、收入、年龄等方面存在显著差异的事物，营造强烈的冲突和反差，以此激发用户的好奇心和探索欲。这种标题设计能够有效吸引用户的注意力，并促使他们进一步了解背后的原因和故事。

（7）劝诫式标题，利用人们的恐惧心理、损失规避心理及好奇心，以劝诫的口吻提醒用户避免某些不良行为或选择。这种标题设计能够触动用户的内心，引发他们的共鸣和反思。

（8）共情式标题，通过替受众发声，表达他们想说却难以言表的情感，与用户的情绪产生共鸣。同时，借助感叹词或语气词等修辞手法，传递出温度、励志、激动、震惊、开心等强烈的情绪感受，进一步拉近与用户的距离。

（9）热点式标题，针对与热点相关的内容主题，灵活地将热点人物或事件的关键词融入标题中。这种标题设计能够迅速吸引用户的注意力，并借助热点的流量效应提升笔记的曝光度和传播力。

5.爆款图文和视频笔记

小红书的图文笔记是我们运营的核心，图文的受众广，平台也鼓励，是营销种草非常好的方式。图文笔记和视频笔记的内容，我们在第四章有详细的讲述，这里不再重复。

6.话题标签

在发布小红书笔记时，通过添加话题标签，可以有效提升作品被平台快速收录的机会，进而吸引更多精准的搜索流量。

①参考同类热门笔记。对于模仿爆款笔记的情况，最简便的方式是直接参考原笔记所使用的话题标签，并应用于自己的作品中。若某篇爆款笔记添加了如#自我提升、#努力变优秀等标签，你同样可在发布时采纳这些标签。

②利用创作中心的灵感搜索。通过点击右上角“三横”，进入创作中心，浏览“笔记灵感”板块，查找与自身话题相关的内容，并结合官方推荐的话题标签，以增加笔记的曝光率。

③自定义话题标签。若需构建一系列连贯的话题，便于用户搜索，可自创话题标签。具体操作为在标签前添加“#”，后跟话题内容即可。

④添加地址标签。对于旅游攻略、本地服务及同城活动类笔记，地址标签至关重要。添加后，小红书将优先向附近用户推荐，可提升笔记曝光度，并促进当地用户的互动与讨论，甚至可能直接转化为实际消费。

⑤融入产品标签。在分享使用心得或好物推荐时，在图片或笔记文本中嵌入对应的产品标签，不仅能提高笔记的曝光率，还能在笔记下方直接关联产品链接，便于用户一键购买。

⑥紧跟热门话题。针对特定话题创作的笔记，应适时添加相关

话题标签，如“年终总结怎么写”“巴黎奥运会”等。若不确定热门话题，可在“#”后输入关键词，系统将自动关联相关热门话题，供你选择。

五、账号运营

小红书上除了内容运营，重点是引流和变现。这些部分在正文内容中都有相关详细的讲解，我们不再重复。

再说一说引流。在小红书平台上进行合规引流，是每位内容创作者和营销人员需谨慎处理的重要任务。鉴于免费引流方式常伴随一定风险，我们在此推荐两种当前平台尚未能全面检测的引流策略，同时强调，任何方法均无法确保绝对安全，其效果取决于实际操作中的合规程度与平台规则的动态变化。

1.粉丝群引流

此策略以其相对较高的安全性著称，是初入小红书平台用户可考虑的首选。通过精心构建的粉丝群，不仅能够加强用户黏性，还能作为合规引流的有效渠道。

2.简介引导与小号联动

在成功搭建粉丝群引流路径的基础上，可进一步利用简介区域进行引流布局。具体而言，即在主账号的简介中巧妙提及并@已发布个人微信号相关笔记的小号，以此引导用户关注并获取更多信息。需注意的是，话术设计应既符合平台规范又不失吸引力，避免使用过于直白的引导词汇。

3.瞬间功能的高级应用

“瞬间”作为小红书平台的一项特色功能，虽可用于引流，但需谨慎操作以避免违规风险。对于新账号而言，建议优先采用粉丝群引流方式，避免过早暴露于平台监管之下。而对于已积累一定粉丝基础的账号（如几百至几千粉丝），则可在确保不违反平台规定的前提下，尝试利用瞬间功能进行更为隐晦的引导。然而，具体使用方法需结合实际情况灵活调整，并持续关注平台政策动态以调整策略。

小红书引流需遵循平台规则、注重策略创新与风险防控。引流方法也是不断变化的，我们要根据自身情况与平台环境进行实践验证，不断摸索新的方法。